가장 많은 현장 교사가 믿고 추천하는 우리 아이 첫 역사 입문서!

우리 역사를 처음 만나는 아이라면 꼭 읽어야 하는 책이다. 상상력이 풍부하고 이야기의 힘이 센 책이기 때문이다. 역사는 삶의 이야기라고 평소 생각해 왔는데, 이 책에는 우리 겨레 옛사람들의 살아 뛰는 삶이 담겨 있다. 이 책을 읽은 아이들이 만들어 갈 세상이 궁금하다.
— 김강수 서종초등학교 교사, 이오덕김수업연구소 연구원

전국 2000여 역사 선생님들의 교육 경험이 녹아 있는 책이기에 믿고 추천한다. 한솔이가 직접 체험하고 알게 된 역사 이야기를 읽으면서 나도 모르게 역사의 매력에 푹 빠져든다. 옛사람들의 고통과 기쁨을 느끼며 함께 울고 웃다 보면 저절로 역사 공부가 되는 책이다.
— 황은희 서울창원초등학교 교사, 역사교육연구소 어린이분과 연구원

역사라는 딱딱한 속살에 만화라는 말랑한 옷을 입힌 이 책은 따뜻하고 유쾌한 역사책이다. 만화 안에 연표, 사진 등이 조화롭게 배치되어 아이들의 이해를 돕는다. 어린이의 눈높이에 맞춰 쓴, 어린이를 위한 최고의 역사 만화라 할 만하다.
— 심은보 평택죽백초등학교 교사

어린이들이 읽기에 어렵지 않으면서 내용도 알찬 역사책을 찾기란 쉽지 않다. 내용과 재미를 모두 갖추었을 뿐만 아니라 아이들이 좋아하는 만화로 구성된 책이라 더 반갑다. 한솔이와 함께 떠나는 역사 여행을 통해 역사 공부의 참맛을 느낄 수 있는 책이다.
— 안선미 서울대학교사범대학부설중학교 교사

만화책이지만 굵직하면서도 단단한 깊이가 있다. 역사를 바라보는 시선이 따뜻하고 관점도 건강하면서 또렷하다. 역사는 단순히 외우는 지식, 과거에만 머무르는 지식이 아닌 현실에서의 의미를 함께 생각하는 지식임을 알려 준다. 역사와 금세 친해질 수 있게 하는 책이다.
— 윤일호 진안장승초등학교 교사

역사적 사실만 잔뜩 늘어놓는 교과서에서 아이들이 얻을 수 있는 것은 시험 점수뿐이다. 반면 이 책은 역사는 삶을 다루는 '옛이야기'라는 사실을 깨닫게 해 준다. 우리가 옛이야기를 즐겨 읽는 까닭은 시대를 뛰어넘는 삶의 지혜가 담겨 있기 때문이다. 옛이야기처럼 흥미롭고 재미있으면서도 역사와 시대를 보는 '지혜'라는 선물까지 선사하는 책이다.
— 박진환 논산내동초등학교 교사

5000년 한국사 이야기를 꼭꼭 씹어 섬세하게 풀어내면서 초등학생의 눈높이와 마음을 읽어 내듯 유쾌하고 재미있다. 어린이들이 우리 역사의 장면들과 그 속의 인물들을 친근하면서도 새롭게 볼 수 있는 책이다.
— 이민아 시흥연성초등학교 교사

역사는 암기 과목이라는 편견을 깨 주는 멋진 책이다. 아이들의 수준에 맞춰 알기 쉽게 풀어 가면서도 온 가족이 함께 읽어도 좋을 만큼 내용이 탄탄하다. 최신 연구 경향을 반영하여 알차게 구성된 점 또한 칭찬할 만하다.
— 김성전 서울수리초등학교 교사

단순한 역사적 사실만 전달해 주는 것이 아니라 사건의 의미와 왜 그런 일이 일어났는지에 대해 아이들 스스로 생각해 볼 수 있도록 입체적으로 구성되어 있다. 역사는 지루하다는 아이들의 생각을 바꿔 주는 책이다.
— 김정미 서울연희초등학교 교사

역사! 이 어려운 말도 알고 보면 이야기다. 지금 우리가 겪는 삶은 누군가의 생각이고 말이다. 그 흐름 위에 우리는 끊임없이 생각과 말을 섞는다. 지난 삶의 이야기를 결코 얕지 않게 《초등학생을 위한 살아있는 한국사》는 들려준다. 삶의 긴 흐름에 이야기를 섞는 힘과 눈을 우리 어린이들에게 선물하는 책이다.
— 윤승용 남한산초등학교 교사

초등학생을 위한
살아있는 한국사

초등학생을 위한 살아있는 한국사

5 독립운동부터 21세기 한반도까지

전국역사교사모임 원작 | 이성호 글 | 이은홍 그림

휴먼어린이

초대하는 글

《초등학생을 위한 살아있는 한국사》를 펴내며

《어린이 살아있는 한국사 교과서》를 펴낸 지 벌써 20년이 되었습니다. 2002년, 전국역사교사모임에서는 청소년을 위한 최초의 한국사 대안 교과서인 《살아있는 한국사 교과서》를 선보였어요. 완전히 새롭고 참신한 형태의 교과서를 제시했다는 평가와 함께 많은 관심과 사랑을 받았지요.

얼마 후 초등학생에게도 우리 역사를 제대로 알려주어야 한다는 생각으로 《어린이 살아있는 한국사 교과서》를 펴냈습니다. 만화에 관심이 많은 중학교 역사 교사 윤종배, 이성호 선생님이 글을 쓰고, 최고의 역사 만화가 이은홍 화백이 그림을 그렸지요. 이 책은 충실하고 탄탄한 내용으로 어린이들에게 많은 사랑을 받았어요.

책이 나온 지 10년이 넘어가던 2015년, 새로운 연구 성과를 반영하고 현대사 부분의 내용을 대폭 고쳐 개정판을 냈습니다. 본문도 좀 더 세련되게 편집했고, 제목도 《초등학생을 위한 맨처음 한국사》로 새롭게 달았지요. 감사하게도 개정판 역시 초등학생들에게 꾸준히 사랑받았답니다.

그리고 2024년, 이 책을 다시 새롭게 개정하게 되었습니다. 그동안 쌓인 역사 학계의 연구 성과와 바뀐 역사 교과서의 내용을 반영하고, 과장된 부분이나 오해할 수 있는 부분을 다듬었어요. 특히 시간이 흘러 현재와 다른 현대사 부분을 손보았지요. 급변하는 시대에 20년이나 된 책을 계속 펴내는 게 의미가 있을지에 대한 근본적인 고민도 했지만, 여전히 이 책을 찾는 초등학생 독자와

부모님이 많다는 사실에 용기를 냈어요.

  어린이 역사책이 쏟아지고 있지만, 초등학생 어린이들에게 자신 있게 권할 수 있는 책은 많지 않습니다.《초등학생을 위한 살아있는 한국사》는 선생님들께서 수업에 활용하기도 하고, 친구들이 과제를 수행하는 데 쓰기도 하고, 가족과 함께 읽고 이야기를 나누기에도 좋아요. 역사적 사실을 넘어 그 의미와 교훈, 생각할 거리까지 다룰 수 있다는 점에서 다른 책에 비해 돋보이지요. 어린이의 눈높이에 맞춰 우리 역사를 친절하게 풀어 주어서, 읽을수록 그 속에 담긴 뜻과 재미를 느낄 수 있는 책이라고 자부합니다.

  부족한 부분이 많지만, 우리 역사를 처음으로 찬찬히 배워 나가는 데《초등학생을 위한 살아있는 한국사》가 조금이나마 도움이 되기를 진심으로 바랍니다.

2024년 9월

전국역사교사모임, 이은홍 · 윤종배 · 이성호

작가의 말

얘들아, 우리 역사를 가지고 놀아 볼까?

'역사' 하면 어떤 느낌이 드니? 지겨울 것 같다고? 재미있을 것 같아? 뭐, 아무 느낌이 없어? 크~. 역사란 옛날 사람들이 어떻게 살았는지에 관한 이야기란다. 나랑 다른 시대에 살았던 많은 사람의 이야기. 그 속엔 전쟁도 있고, 사랑도 있고, 눈물도 있고, 웃음도 있지. 어때, 재미있을 것 같지?

그렇지만 가만히 남의 이야기만 듣다 보면 금방 따분해지게 마련이지. 타임머신을 타고 그 옛날로 가서 역사를 확 바꿔 버릴 수 있다면 어떨까? 정말 신나겠지? 물론 옛날에 이미 일어났던 일을 내가 실제로 바꿀 수는 없겠지. 그렇지만, '그 상황에서 그 사람은 왜 그런 선택을 했을까, 나라면 과연 어떤 선택을 할까' 하고 생각해 볼 수는 있단다. 내 머리로 생각하는 역사, 내가 다시 만들어 보는 역사는 얼마든지 가능하다는 얘기야. 그게 역사를 공부하는 진짜 이유이기도 하고.

역사 만화책 벌써 많이 봤다고? 그래, 요즘 역사 만화책이 참 많더구나. 우리 친구들이 쉽게 다가갈 수 있는 역사 만화가 많아진 건 아주 좋은 일이라고 생각해. 하지만 좀 걱정스럽기도 해. 재미만 생각해서 별로 믿을 수 없는 이야기를 진짜인 것처럼 쓴 책도 있고, 정작 필요한 내용보다는 우스갯소리만 잔뜩 늘어놓은 책도 있더구나. 무엇보다 왜 역사를 공부해야 하는지, 어떻게 역사를 공부해야 하는지에 대해 생각해 볼 수 있는 좋은 역사 만화책은 아직까지 별로 없는 것 같아.

  이 책은 원래 중·고등학생들을 위한 《살아있는 한국사 교과서》라는 책을, 초등학생들도 알기 쉽게 만화로 만든 거란다. 교과서를 만화로 만들었기 때문에, 이야기 하나하나마다 어떤 내용이 정말 중요하고 알아야 할 내용인지, 이 이야기를 읽고 나면 어떤 생각을 할 수 있을지, 또 이 내용을 잘 알기 위해서는 어떤 방법으로 어떻게 공부하면 좋을지를 꼼꼼히 따져 봤단다. 이야기 하나하나가 나름대로 의미가 있으면서 전체가 다시 연결되도록 말이야.

  그렇다고 '공부'만 앞세운 재미없는 책은 절대 아니니까 걱정하지 마. 아까도 얘기했지만, 자기 머리로 생각하는 역사가 진짜 역사야. 그래도 혹시 좀 어려운 부분이 있다면, 주인공 한솔이처럼 선생님이나 부모님과 함께 읽으면서 이런저런 이야기를 나눠 보렴. 어느새 생각이 부쩍 커진 스스로를 발견하게 될 거야.

  자, 이제 준비됐지? 우리 다 같이 한솔이와 함께 우리 역사가 펼쳐지는 풍성한 잔치 마당에 가서 신나게 놀아 보자고!

이은홍·윤종배·이성호

차례

초대하는 말 4
작가의 말 6
등장인물 소개 10

1장 터지자 밀물 같은 대한 독립 만세 12
역사 돋보기 시련을 극복한 역사, 독립 기념관 24

2장 다시 불붙은 민족 운동 26
역사 돋보기 암태도에 휘날린 승리의 깃발 38

3장 신대한 독립군 백만 용사야! 40
역사 돋보기 암살과 파괴로 일본을 무찌르자! 의열단과 김상옥 52

4장 단결하여 투쟁하자 54
역사 돋보기 '서울의 종이 값을 올린' 소설 《임꺽정》 66

5장 빼앗긴 조국 끌려간 사람들 68
역사 돋보기 전쟁의 광기, 파시즘 80

6장 부활하는 독립 전쟁 82
역사 돋보기 우리 말글을 지키려는 노력, 조선어 학회 사건 94

7장 최후의 결전을 준비하며 96
역사 돋보기 세계가 전쟁터로, 2차 세계 대전 108

8장 해방의 감격, 점령의 비극 110
역사 돋보기 암살과 테러가 난무한 해방 정국 122

9장 두 개의 나라로 124
역사 돋보기 새로운 시대, 새로운 희망 136

10장 갈가리 찢기는 금수강산 138
역사 돋보기 소년병, 책 대신 총을 잡고 150

11장 4·19와 5·16 152
역사 돋보기 박정희는 누구인가? 162

12장 경제 성장의 빛과 그늘 164
역사 돋보기 명분 없는 전쟁, 베트남 전쟁 174

13장 민주주의를 향한 전진 176
역사 돋보기 광주여, 우리나라의 십자가여… 186

14장 함께할 미래, 북한 188
역사 돋보기 북한의 학교와 학생들 198

15장 새로운 미래를 향하여 200
역사 돋보기 우리는 얼마나 커졌나? 210

등장인물 소개

한솔
호기심 많고 덜렁대는 초등학교 3학년 장난꾸러기.
살아 있는 우리 역사를 느끼면서 조금씩 생각이
깊어지는 우리의 주인공.

한솔이 누나
한솔이의 중학생 누나.
한솔이 덕분에 역사에 관심을 가지게 된다.

한솔이 할아버지
구수한 입담으로 한솔이에게 우리 역사를
이야기해 주시는 자상한 외할아버지.

한솔이 부모님
강화도 고인돌 유적지에서 만난 인연
때문인지 우리 역사를 가족만큼이나
사랑하시는 한솔이의 부모님.

아름
선생님 질문에 가장 먼저 '저요, 저요!'를 외치는 똑똑한 모범생. 가끔은 잘난 척도 하지만 밉지 않은 한솔이의 단짝 친구.

현수
공부는 못하지만 마음씨만은 1등인 개구쟁이. 까불거리며 엉뚱한 말을 많이 해 아이들을 웃긴다.

한솔이네 반 담임 선생님
언제 어디서나 한솔이네 반을 이끌어 주시는 선생님. 밝고 친절해서 아이들에게 '인기 짱'이다.

한솔이네 반 친구들

1장

터지자 밀물 같은 대한 독립 만세

역사 연대표

- **1919년** **3·1 운동, 대한민국 임시 정부 수립**
- 1920년 물산 장려 운동
- 1920년 청산리 대첩
- 1926년 6·10 만세 운동, 신간회 결성(1927), 광주 학생 운동(1929)
- 1931년 일제의 만주 침략
- 1932년 윤봉길 의거, 중·일 전쟁(1937), 한국 광복군 창설(1940)
- 1941년 태평양 전쟁, 임시 정부 선전 포고, 건국 동맹 결성(1944)
- 1945년 해방, 모스크바 3상 회의, 미·소 공동 위원회(1946)
- 1948년 대한민국 수립, 조선 민주주의 인민 공화국 수립, 분단
- 1950년 한국 전쟁 발발, 휴전(1953)
- 1960년 4·19 혁명, 5·16 쿠데타(1961)
- 1970년 경부 고속 도로 개통, 전태일 분신
- 1980년 광주 민주화 운동, 6월 민주 항쟁(1987)
- 1994년 북·미 제네바 합의, 남북 정상 회담(2000)
- 2002년 한·일 월드컵 개최, 노무현 대통령 당선
- 2008년 이명박 정부 출범
- 2013년 박근혜 정부 출범
- 2017년 문재인 정부 출범
- 2022년 윤석열 정부 출범

탑골 공원 팔각정

1919년 3월 1일, 고종 황제의 장례식을 앞두고 모여든 사람들이 탑골 공원 팔각정을 초조하게 바라보고 있었다. 긴장을 깨뜨리며 팔각정에 올라선 이는 젊은 학생. 학생은 품속에서 독립 선언서를 꺼내 힘차게 읽어 나갔다. 곧 탑골 공원은 "대한 독립 만세"의 함성으로 뒤덮였다.

1장 터지자 밀물 같은 대한 독립 만세

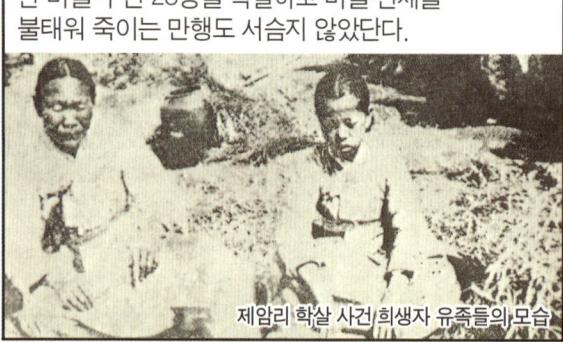

 역사 돋보기

시련을 극복한 역사, 독립 기념관

1982년, 일본 역사 교과서가 우리나라에 대한 침략과 식민 지배를 정당화하고 우리 역사를 왜곡하는 내용을 담고 있다는 사실이 알려지자 사람들은 크게 분노하였다. 일본의 역사 왜곡에 맞서, 우리 민족의 항일 운동을 후세에 길이 보여 줄 수 있는 기념관을 세워야 한다는 여론이 크게 일어났다. 기념관 건립을 위한 성금 모금 운동이 벌어졌고, 이 모금 운동은 폭발적인 호응을 얻어 모두 500억 원의 성금이 모였다. 바로 이 성금으로 독립 기념관이 세워졌다. 독립 기념관은 유관순 열사가 3·1 운동을 벌인 아우내 장터, 윤봉길 의사의 생가가 있는 예산에서 가까운 충청남도 천안시 목천읍에 터를 잡아 1987년 완공되었다.

현재 독립 기념관에는 모두 일곱 개의 전시관이 있어 민족 독립을 위한 투쟁의 역사를 보여 주고 있으며, 홈페이지(http://www.i815.or.kr/)를 방문하면 사이버 전시를 통해 독립 기념관을 관람할 수 있다.

불굴의 한국인상
겨레의 집 내부 대형홀 중앙에 있다. 불굴의 독립 정신과 강인한 한국인을 상징한다. 개당 무게가 3~4톤 나가는 화강암 274개를 쌓아 만들었다.

겨레의 집
독립 기념관의 상징이자 중심 기념 홀의 역할을 하는 건물이다. 길이 126미터, 폭 68미터의 축구장만 한 크기로 15층 높이(45미터)에 이르는 동양 최대의 기와집이다. 고려 시대 건축물인 수덕사 대웅전을 본떠 설계하였다.

 덤

어느 초등학교의 졸업식

3·1 운동이 시작된 후, 수많은 학생이 만세 운동에 참여하였다. 나이 어린 보통학교(지금의 초등학교) 학생들의 참여도 대단했다. 전국의 수많은 학교에서 동맹 휴학과 시위가 일어났다. 3월 23일 서울의 정동 보통학교와 의동 보통학교에서 졸업식이 열렸다. 학생 대표가 인사를 하는 순서가 되자, 열두어 살 학생 대표는 단상에 올라 인사를 하다가 품속에서 태극기를 꺼내어 "우리 나라를 돌려 달라! 대한 독립 만세!" 하고 외쳤다. 그러자 모든 학생이 자리를 박차고 일어나 준비해 온 태극기를 꺼내 들고 만세를 불렀다. 졸업식장은 삽시간에 만세 시위장으로 변했다. 학생들은 졸업 증서를 찢어 바닥에 던져 버리고 밖으로 나가 만세 시위를 계속했다.

2장

다시 불붙은 민족 운동

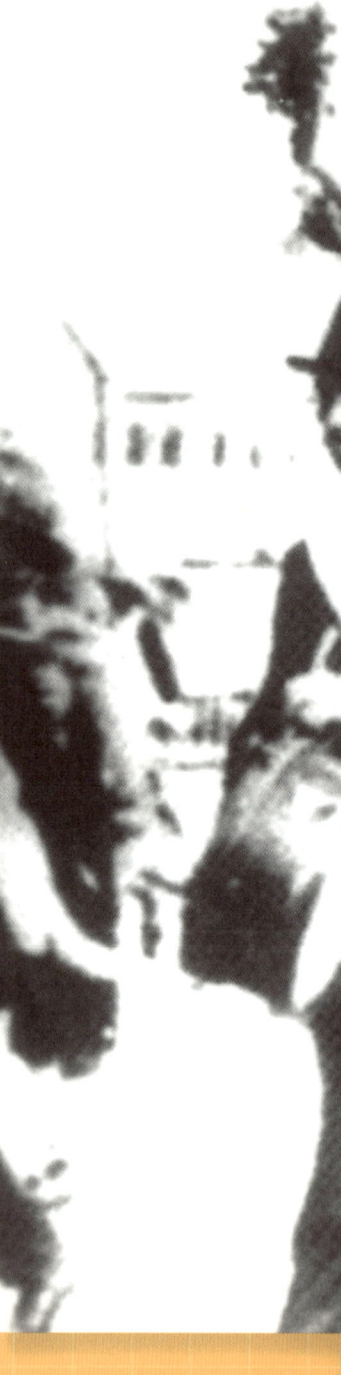

역사 연대표

- 1919년 3·1운동, 대한민국 임시 정부 수립
- 1920년 **물산 장려 운동**
- 1920년 청산리 대첩
- 1926년 6·10 만세 운동, 신간회 결성(1927), 광주 학생 운동(1929)
- 1931년 일제의 만주 침략
- 1932년 윤봉길 의거, 중·일 전쟁(1937), 한국 광복군 창설(1940)
- 1941년 태평양 전쟁, 임시 정부 선전 포고, 건국 동맹 결성(1944)
- 1945년 해방, 모스크바 3상 회의, 미·소 공동 위원회(1946)
- 1948년 대한민국 수립, 조선 민주주의 인민 공화국 수립, 분단
- 1950년 한국 전쟁 발발, 휴전(1953)
- 1960년 4·19 혁명, 5·16 쿠데타(1961)
- 1970년 경부 고속 도로 개통, 전태일 분신
- 1980년 광주 민주화 운동, 6월 민주 항쟁(1987)
- 1994년 북·미 제네바 합의, 남북 정상 회담(2000)
- 2002년 한·일 월드컵 개최, 노무현 대통령 당선
- 2008년 이명박 정부 출범
- 2013년 박근혜 정부 출범
- 2017년 문재인 정부 출범
- 2022년 윤석열 정부 출범

물산 장려 운동

"우리가 만든 것, 우리가 쓰자." 이 소박하면서도 단순한 구호는 사람들의 마음을 흔들었다. 국산품 애용을 통해 경제 자립을 이루려는 노력이 전국 각지에서 진행되었다. 조그만 것에서라도 민족의 해방에 보탬이 되고자 했던 사람들의 마음이 물산 장려 운동을 이끌어 나갔던 것이다. 아래 사진은 경성 방직 주식회사의 국산품 애용 선전 광고이다.

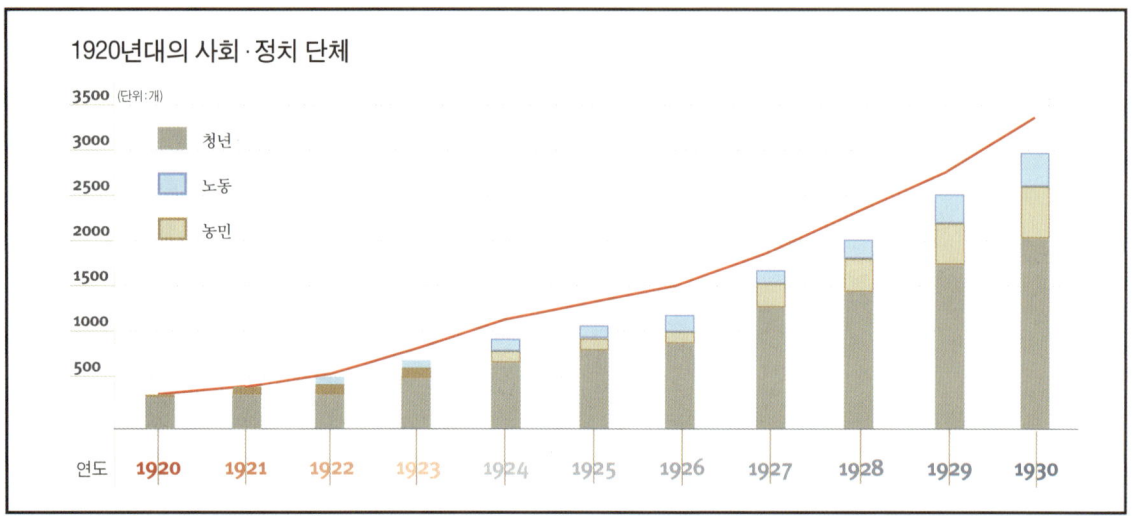

 역사 돋보기

암태도에 휘날린 승리의 깃발

목포에서 뱃길로 1시간 30분을 가면 암태도라는 섬이 나온다. 바위가 병풍처럼 섬을 두르고 있다 하여 암태도라고 했지만, 이 섬에는 꽤 넓은 논밭이 있어 섬사람들을 먹여 살리고 있었다. 이 논밭 대부분은 문씨와 심씨 성을 가진 몇몇 집안 것이었고, 소작농들은 수확의 70~80%를 소작료로 내고 있었다. 섬 주민들은 이런 현실에 절망하며 술, 담배와 도박에 빠져 있었다.

그러나 3·1 운동 이후 암태도에도 변화의 바람이 불어 왔다. '청년회'가 조직되어 비판의 목소리를 내기 시작했고, 마침내 1923년 '암태 소작인회'가 만들어져 지주에게 소작료를 낮춰 줄 것을 요구하였다. 지주들이 이를 무시하자 소작인들은 추수 거부, 소작료 납부 거부 운동을 벌이며 저항하였다. 이런 사태가 해를 넘기게 되자 당황한 지주들은 소작료 강제 징수에 나섰다. 농민들이 강제 징수에 저항하자 경찰이 출동하여 소작인회 간부들을 구속해 버렸다.

싸움은 이제 일제와의 싸움으로 바뀌었다. 농민들은 4월과 6월, 목포 경찰서와 법원 앞에 몰려가 항의 시위를 벌였다. 7월에는 '아사 동맹(굶어 죽자는 동맹, 단식 농성)'을 결의한 600여 농민들이 목포 재판소로 몰려들었다. 당시 〈동아일보〉 기사처럼 "대지를 요를 삼고 창공을 이불을 삼아" 단식 농성이 계속되자, 언론과 여러 노동·사회 단체가 지원에 나섰다. 일제와 지주는 물러설 수밖에 없었다.

"소작료는 40%로 낮춘다. 지주는 소작인회에 기부금 2000원을 내놓는다."

소작료를 반으로 줄인 승리였다. 1년에 걸친 눈물겨운 투쟁의 결과였다.

암태도 소작 쟁의

암태도 소작 쟁의를 이끌었던 서태석은 3·1 운동 때 투옥된 경험이 있는 인물로, 암태도 소작 쟁의 이후에도 농민 운동과 사회주의 운동을 계속하다가 일제에 끌려가 고문을 받고 그 후유증으로 사망하였다.

암태도 소작 쟁의를 보도한
〈동아일보〉 기사

 덤

한국 최초의 여성 노동 운동가 강주룡

1931년, 대동강이 굽어보이는 을밀대 정자 지붕 위에 한 여성이 올라가 연설을 하고 있었다. "우리 임금이 깎였다고 이러는 것이 아닙니다. 우리가 굴복하면 결국에는 2300명 평양 고무 공장 노동자들의 임금이 깎일 것이기 때문에, 우리는 죽기를 각오하고 싸우는 것입니다." 강주룡이었다. 이 고공 농성은 열 시간 동안이나 계속되었다. 강주룡은 강계에서 태어나 아버지의 사업 실패로 간도로 건너간 뒤, 독립군이었던 남편이 전사하자 국내로 들어와 평양의 평원 고무 공장 노동자가 되었다. 1931년 회사가 일방적으로 임금을 깎자, 다른 여성 노동자 49명과 함께 파업 투쟁을 벌였다. 이 파업이 일본 경찰에 의해 해산당하자 강주룡은 그 억울함을 호소하기 위해 광목으로 줄을 만들어 높이 12미터 을밀대 지붕 위에 올라간 것이다. 경찰에 체포된 뒤에도 단식으로 저항하던 그녀는 결국 감옥에서 병을 얻어 그해 사망하였다.

3장

신대한 독립군 백만 용사야!

역사 연대표

- 1919년   3·1 운동, 대한민국 임시 정부 수립
- 1920년   물산 장려 운동
- 1920년   청산리 대첩
- 1926년   6·10 만세 운동, 신간회 결성(1927), 광주 학생 운동(1929)
- 1931년   일제의 만주 침략
- 1932년   윤봉길 의거, 중·일 전쟁(1937), 한국 광복군 창설(1940)
- 1941년   태평양 전쟁, 임시 정부 선전 포고, 건국 동맹 결성(1944)
- 1945년   해방, 모스크바 3상 회의, 미·소 공동 위원회(1946)
- 1948년   대한민국 수립, 조선 민주주의 인민 공화국 수립, 분단
- 1950년   한국 전쟁 발발, 휴전(1953)
- 1960년   4·19 혁명, 5·16 쿠데타(1961)
- 1970년   경부 고속 도로 개통, 전태일 분신
- 1980년   광주 민주화 운동, 6월 민주 항쟁(1987)
- 1994년   북·미 제네바 합의, 남북 정상 회담(2000)
- 2002년   한·일 월드컵 개최, 노무현 대통령 당선
- 2008년   이명박 정부 출범
- 2013년   박근혜 정부 출범
- 2017년   문재인 정부 출범
- 2022년   윤석열 정부 출범

청산리 대첩

"우리는 한국 독립군, 조국을 찾는 용사로다. / 나가! 나가! 압록강 건너 백두산 넘어가자. / 우리는 한국 광복군, 악마의 원수 쳐물리 자. / 나가! 나가! 압록강 건너 백두산 넘어가자."

— 독립군들이 즐겨 부르던 〈압록강 행진곡〉

홍범도(1868~1943)
포수 출신의 의병장으로 1907년부터 함경도 지방에서 활약했고, 이후 연해주 일대에서 독립군을 이끌었다.

김좌진
(1889~1930)
교육받은 대지주 출신으로 애국 계몽 운동을 펼치다가 1918년 만주로 건너가 독립군 총사령관이 되어 맹활약을 펼쳤다.

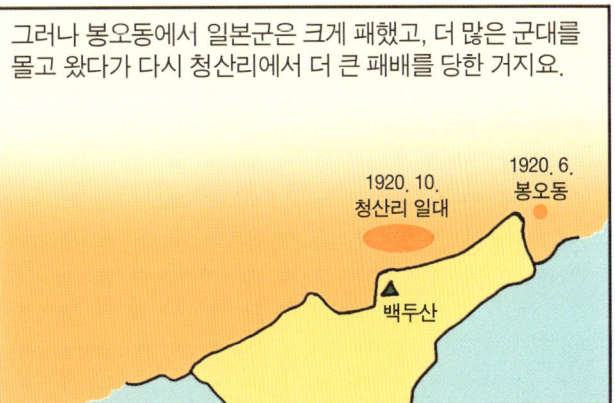

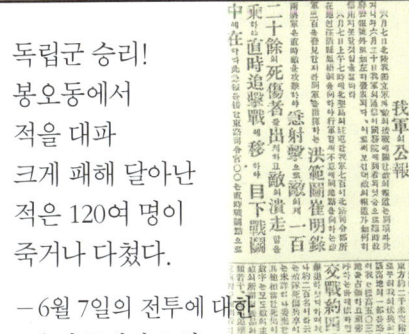

경신참변(1920. 12)

 역사 돋보기

암살과 파괴로 일본을 무찌르자!
의열단과 김상옥

1919년 11월 만주 지린 성에서 신흥 무관 학교 출신 독립 운동가들이 비밀 모임을 갖고, '의열단'을 조직하였다. 이들은 3·1 운동 이후 독립운동의 진로를 놓고, 보다 적극적으로 일본에 맞서 싸워야 한다고 결의를 다진 사람들이었다. 요인 암살이나 식민 통치 기관 파괴 같은 활동을 해서라도 일제에 저항해야 한다는 것이었다. 이들은 조선 총독이나 높은 관리, 군인, 매국노, 친일파들을 암살 대상으로 정했고, 조선 총독부, 동양 척식 주식 회사, 경찰서 등을 파괴의 대상으로 삼았다. 의열단원들은 이런 활동을 위해 총기 사격이나 폭탄 제조 같은 훈련을 받기도 하였다.

1920년 의열단원 박재혁은 부산 경찰서에 폭탄을 던졌고, 최수봉은 밀양 경찰서를 폭파하려 하였다. 1921년에는 김익상이 조선 총독부에 폭탄을 던졌으며, 1922년에는 오성륜이 일본군 다나카 대장을 암살하려다 실패하는 사건도 벌어졌다. 1924년에는 김지섭이 도쿄에서 폭탄 테러를 일으켰고, 1926년에는 나석주가 동양 척식 주식 회사에 폭탄을 던졌다.

1923년 의열단원 김상옥은 총독 암살이라는 목표를 가지고 국내로 몰래 들어왔다. 그러나 잇따르는 테러에 놀란 일본이 경비를 한층 강화해, 총독 암살이 불가능하다고 판단한 김상옥은 종로 경찰서에 폭탄을 던졌다. 그는 추격해 오는 일본 경찰들과 계속 총격전을 벌이며 끝까지 저항하였다. 열흘 동안이나 도주를 계속하던 김상옥은 효제동에서 경찰과 군인 1000여 명에게 포위당한 가운데서도 총 두 자루로 맞서 세 시간 동안 시가전을 벌이며 15명의 일본인을 살상하고, 결국 최후의 한 발로 자결하였다.

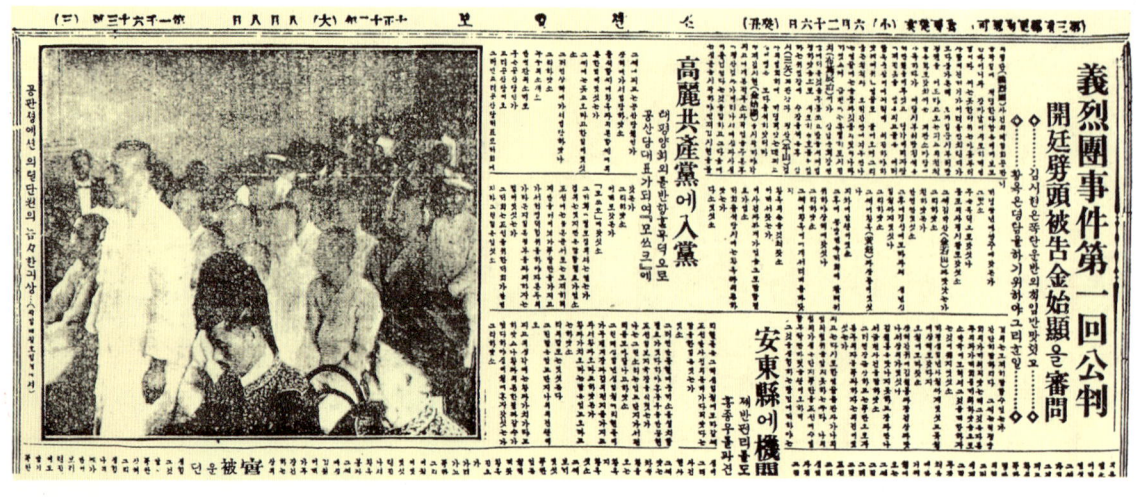

대학로 마로니에 공원 안의
김상옥 동상

의열단원 김시현 의사의 재판 내용을
보도한 당시 신문 자료

 덤

 **북로 군정서 총재 서일이 쓴 청산리 전투의 승리 원인**

- 생명을 아끼지 않고 분연히 용감하게 싸우려는 독립에 대한 군인 정신이 먼저 적의 사기를 압도하였다.
- 양호한 진지를 앞서 차지하고, 완전한 준비로 사격의 성능을 극도로 발휘할 수 있었다.
- 임기응변의 전술과 예민하고 신속한 활동이 모두 적의 의표를 찔렀다.

오호라, 3일간 전투에 식량 길이 막히어 5~6개의 감자로 배고픔을 달래고, 하루 낮 하루 밤에 능히 1백 50여 리의 험한 밀림을 통행하거나, 전투 후 수백 리의 긴 숲과 눈밭을 걸어 동상에 걸림이 적지 않으나, 이를 조금도 탓함이 없었으니, 참으로 독립의 장래를 위하여 희망한 바이더라.

4장

단결하여 투쟁하자

역사 연대표

- **1919년** 3·1 운동, 대한민국 임시 정부 수립
- **1920년** 물산 장려 운동
- **1920년** 청산리 대첩
- **1926년** 6·10 만세 운동, 신간회 결성(1927), 광주 학생 운동(1929)
- **1931년** 일제의 만주 침략
- **1932년** 윤봉길 의거, 중·일 전쟁(1937), 한국 광복군 창설(1940)
- **1941년** 태평양 전쟁, 임시 정부 선전 포고, 건국 동맹 결성(1944)
- **1945년** 해방, 모스크바 3상 회의, 미·소 공동 위원회(1946)
- **1948년** 대한민국 수립, 조선 민주주의 인민 공화국 수립, 분단
- **1950년** 한국 전쟁 발발, 휴전(1953)
- **1960년** 4·19 혁명, 5·16 쿠데타(1961)
- **1970년** 경부 고속 도로 개통, 전태일 분신
- **1980년** 광주 민주화 운동, 6월 민주 항쟁(1987)
- **1994년** 북·미 제네바 합의, 남북 정상 회담(2000)
- **2002년** 한·일 월드컵 개최, 노무현 대통령 당선
- **2008년** 이명박 정부 출범
- **2013년** 박근혜 정부 출범
- **2017년** 문재인 정부 출범
- **2022년** 윤석열 정부 출범

순종의 장례 행렬
고종의 죽음을 계기로 3·1 운동이 일어났던 것처럼, 순종의 장례식을 계기로 또 한 번 전국적인 만세 운동을 일으키기 위해 민족주의자들과 사회주의자들이 서로 손을 잡았다(6·10 만세 운동). 민족의 해방이라는 목표 앞에 사상의 다름은 별 문제가 되지 않았다.

4장 단결하여 투쟁하자

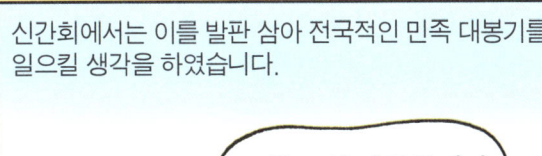

신간회에서는 이를 발판 삼아 전국적인 민족 대봉기를 일으킬 생각을 하였습니다.

12월 13일 안국동에서 민중 대회를 엽시다!

그러나 일제는 경찰을 동원하여 신간회를 포위하고 홍명희 부회장을 비롯 90여 명의 간부 회원들을 체포해 갔습니다.

아십다.

그럼에도 불구하고 광주에서 시작된 이 학생 운동은 1930년까지 계속되었어요.

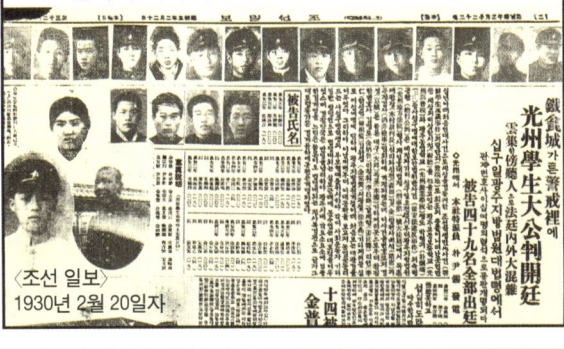

〈조선 일보〉 1930년 2월 20일자

보통학교(지금의 초등학교)에서 전문학교에 이르기까지 194개 학교 5만 4000여 명의 학생이 참여했죠.

5800여 명의 학생이 퇴학과 구속을 당했고

2330여 명의 학생이 무기 정학을 당했습니다.

우와~ 대단하다.

정말 3·1 운동 이후 최대 규모의 항일 운동이로군요.

아하~ 그래서 그 광주 학생 운동을 기념하여 11월 3일이 학생의 날이 된 거군요?

맞아요. 정말 뜻깊은 날이죠? 민족이 어려움에 처했을 때 선뜻 나설 수 있었던 학생들의 용기는 어디서 나온 걸까요?

한국 학생을 괴롭히는 일본 학생과 싸워 광주 학생 항일 운동의 발단이 되었던 박준채 학생

선생님은, 정의로움을 사랑하는 학생들의 순수한 마음이 그 답이라고 생각해요. 여러분 생각은 어때요?

 역사 돋보기

'서울의 종이 값을 올린' 소설《임꺽정》

사회주의 세력을 대표하여 신간회 부회장을 지낸 홍명희, 나중에 북한으로 가 부수상까지 지낸 인물이지만, 그보다 그를 더 유명하게 만든 것은 바로《임꺽정》이라는 소설이었다. 1928년 11월부터 1939년 10월까지 10년간 신문에 연재된 소설《임꺽정》은 그야말로 '서울의 종이 값을 올릴 만큼' 엄청난 인기를 끌었다. 임꺽정은 원래 명종 때 활약한 도적이었는데(3권 4장 '도적이 의적 되는 세상' 참고) 홍명희는 이 이야기를 뼈대로, 명종 대의 역사와 야사를 배경으로 삼고, 우리 나라 전래의 설화나 민담까지 버무려 총 10권에 이르는 대하 역사 소설을 만들어 냈다.

천한 백정의 아들로 태어났지만 힘이 천하장사인 임꺽정, 백발백중의 명궁 이봉학, 돌팔매질의 명수 배돌석, 장도리깨를 휘두르는 곽오주, 하룻밤에 천리를 달리는 황천왕동이, 힘센 소금장수 길막봉 등이 서로 의형제를 맺고 청석골에 터전을 마련한 후 못된 양반과 썩은 관리들을 혼내 주는 이야기는 그 자체로 대단한 재미를 줬다. 그러나 이 소설이 그렇게 큰 호응을 얻은 것은 억눌리고 짓밟힌 사람들의 저항을 그려 일제에 의해 고통 받던 사람들에게 시원한 통쾌감을 선물했기 때문이다. 사람들은 임꺽정이 양반들을 혼내 주는 장면을 읽으며 못된 일본 관리들을 생각했고, 임꺽정 부대가 관군을 물리치는 장면을 읽으며 독립군을 생각했다. 게다가 이 소설은 잊혀져 가는 우리말이 풍부하게 녹아 있어 국문학의 귀중한 성과이기도 하다.

《임꺽정》의 작가 홍명희

 덤

희망의 새 명절 어린이날

1923년 5월 1일 서울의 천도교 강당에서 제1회 어린이날 기념 행사가 열렸다. 방정환은 어린이날을 만들면서 "오늘은 어린이날, 희망의 새 명절 어린이날입니다. 우리들의 희망은 오직 한 가지, 어린이를 잘 키우는 데 있을 뿐입니다. 어린이는 어른보다 더 새로운 사람입니다. 어린이를 어른보다 더 높게 대접하십시오."라고 호소했다. 이때부터 매년 어린이날 행사가 열렸는데, 해를 거듭할수록 호응이 뜨거워졌다. 그러나 일제는 1937년 어린이날 행사마저 금지시켰다. 어린이날이 다시 부활한 것은 해방 후인 1946년. 이때부터 5월 5일이 어린이날로 정해졌다. 사진은 1923년 제1회 어린이날 포스터이다.

<조선일보>에 연재된《임꺽정》

5장

빼앗긴 조국 끌려간 사람들

역사 연대표

- **1919년** 3·1 운동, 대한민국 임시 정부 수립
- **1920년** 물산 장려 운동
- **1920년** 청산리 대첩
- **1926년** 6·10 만세 운동, 신간회 결성(1927), 광주 학생 운동(1929)
- **1931년** 일제의 만주 침략
- **1932년** 윤봉길 의거, 중·일 전쟁(1937), 한국 광복군 창설(1940)
- **1941년** 태평양 전쟁, 임시 정부 선전 포고, 건국 동맹 결성(1944)
- **1945년** 해방, 모스크바 3상 회의, 미·소 공동 위원회(1946)
- **1948년** 대한민국 수립, 조선 민주주의 인민 공화국 수립, 분단
- **1950년** 한국 전쟁 발발, 휴전(1953)
- **1960년** 4·19 혁명, 5·16 쿠데타(1961)
- **1970년** 경부 고속 도로 개통, 전태일 분신
- **1980년** 광주 민주화 운동, 6월 민주 항쟁(1987)
- **1994년** 북·미 제네바 합의, 남북 정상 회담(2000)
- **2002년** 한·일 월드컵 개최, 노무현 대통령 당선
- **2008년** 이명박 정부 출범
- **2013년** 박근혜 정부 출범
- **2017년** 문재인 정부 출범
- **2022년** 윤석열 정부 출범

수요 집회

1992년 1월 8일 이후 비가 오나 눈이 오나 수요일마다 계속되고 있는 수요 집회. 자기 몸조차 가누기 힘든 저 백발의 할머니들은 왜 그토록 수요일마다 일본 대사관 앞에서 시위를 벌이고 있을까? 저 할머니들을 저렇게 분노하게 만든 것은 무엇일까?

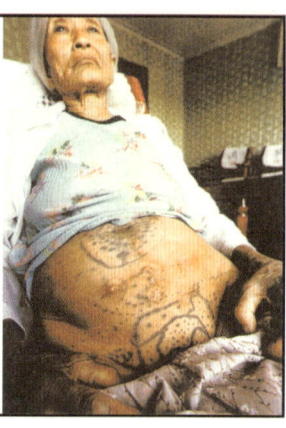

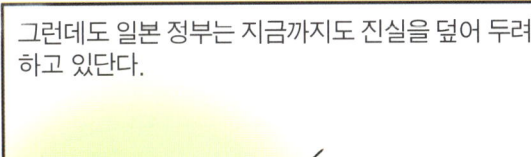

 역사 돋보기

전쟁의 광기, 파시즘

1차 세계 대전 후 호황을 누리던 세계 경제는 1929년 파산에 이르렀다. 그동안의 호황에도 불구하고 노동자들의 임금은 별반 오르지 않았고, 그 때문에 점차 소비는 생산을 따르지 못하게 되었다. 재고가 쌓이자 기업들은 생산을 줄였고, 당연히 일자리를 잃는 사람들이 늘어났다. 불안감이 확산되더니 순식간에 주가가 폭락하고 기업과 은행이 무너졌다. 대공황이 전 세계를 덮쳤다.

공황은 사람들을 불안과 공포로 내몰았다. 공황으로 일자리를 잃은 노동자와 빈곤층은 생존의 위협에 내몰렸고, 중산층과 자본가들은 파산에 대한 공포와 함께 사회주의 혁명이 올지 모른다는 불안에 떨었다. 이런 불안감을 교묘히 이용해 권력을 잡으려는 사람이 생겨났다. 히틀러는 이 모든 불행의 원인은 사회주의자들과 유대인들에게 있다며 사람들을 부추겼다. 불안감에 시달리던 독일 국민들은, 히틀러를 중심으로 뭉쳐 독일 민족의 영광을 되찾자는 나치의 주장에 열광하였다. 이탈리아의 무솔리니나 일본의 군인들도 비슷한 주장을 했다. 이들은 국가와 민족, 혹은 전체를 우선시하고, 이를 위해 개인은 희생할 수 있다는 생각을 가지고 있었다. 이런 생각을 '파시즘(전체주의)'이라고 한다.

파시즘 아래서는 민족의 영광에 도움이 되지 않는 '내부의 적' 사회주의자나 장애인 등은 국민의 자격이 없으므로 제거되어야 했다. 개인의 자유는 인정되지 않았고, 국민의 의무와 애국심만 강조되었다. 개인의 사소한 말이나 작은 행동까지 모두 감시와 통제를 받았다. 파시즘은 자유와 민주주의를 짓눌렀다. 파시즘은 또한 자기 나라의 이익을 위해 다른 나라를 침략하는 것을 당연시했다. 독일과 이탈리아는 야금야금 유럽을 침략했고 일본은 중국을 침략해 들어갔다. 2차 세계 대전이 시작되었다.

덤

공황으로 일자리를 잃은 사람들
미국 뉴욕의 실업자 행렬.

수요 시위와 평화의 소녀상

1990년 이후, 일본군 '위안부' 피해자를 돕고 진상을 밝히려는 단체인 '한국정신대문제대책협의회'가 만들어졌다. 이 단체를 중심으로 과거 일본 정부의 잘못을 인정하고 피해자에게 사과, 배상할 것을 요구하는 시위가 시작됐다. 1992년 1월 8일부터 지금까지 매주 수요일 일본 대사관 앞에서 열리는 이 시위는 세계에서 가장 오래 이어진 시위로 기네스북에도 올랐다.

1,000번째 수요 시위가 열린 2011년 12월 14일, 일본 대사관 앞에 '평화의 소녀상'이 자리잡았다. 단발머리에 한복을 입은 소녀가 의자에 앉아 일본 대사관을 바라보고 있는 모습으로, 어린 나이에 일본군 '위안부'로 끌려가 평생 억울함을 풀지 못한 피해자를 상징한다. 평화의 소녀상은 현재 국내에만 120여 개가 넘고, 2015년 캐나다 토론토를 시작으로 세계 곳곳에 세워져 일본군 '위안부' 문제를 국제적으로 알리는 계기가 되었다. 사진은 서울 종로구 일본 대사관 앞에 세워진 평화의 소녀상.

뉘른베르크 나치 전당 대회
히틀러는 독일 민족의 영광을 강조하며 유대인을 학살하고 2차 세계 대전을 일으켰다.

6장

부활하는 독립 전쟁

역사 연대표

- 1919년   3·1 운동, 대한민국 임시 정부 수립
- 1920년   물산 장려 운동
- 1920년   청산리 대첩
- 1926년   6·10 만세 운동, 신간회 결성(1927), 광주 학생 운동(1929)
- 1931년   일제의 만주 침략
- 1932년   윤봉길 의거, 중·일 전쟁(1937), 한국 광복군 창설(1940)
- 1941년   태평양 전쟁, 임시 정부 선전 포고, 건국 동맹 결성(1944)
- 1945년   해방, 모스크바 3상 회의, 미·소 공동 위원회(1946)
- 1948년   대한민국 수립, 조선 민주주의 인민 공화국 수립, 분단
- 1950년   한국 전쟁 발발, 휴전(1953)
- 1960년   4·19 혁명, 5·16 쿠데타(1961)
- 1970년   경부 고속 도로 개통, 전태일 분신
- 1980년   광주 민주화 운동, 6월 민주 항쟁(1987)
- 1994년   북·미 제네바 합의, 남북 정상 회담(2000)
- 2002년   한·일 월드컵 개최, 노무현 대통령 당선
- 2008년   이명박 정부 출범
- 2013년   박근혜 정부 출범
- 2017년   문재인 정부 출범
- 2022년   윤석열 정부 출범

윤봉길 의거

"물론 한두 명의 상급 군인을 살해하는 것만으로 독립이 쉽게 실현될 리는 없다. 따라서 이번 사건도 독립에 당장 직접적인 효과가 없음은 잘 알고 있다. 오직 바라는 바는 이 일을 통해 조선인의 각성을 촉구하고, 다시 세계로 하여금 조선의 존재를 명확히 알게 하는 데 있다."

- 윤봉길 의사가 의거 후 체포되어 일본 수사관에게 답한 내용

바로 윤봉길 의사다(1908~1932).

충남 예산 출생으로 농촌 계몽 운동에 종사하다 1930년 상하이로 건너가 김구 선생이 이끄는 한인 애국단에 가입하여 이번 거사를 준비하였다.

또 한 사람의 한인 애국 단원

이분은 이봉창(1900~1932) 의사입니다.
윤봉길 의사에 앞서 1932년 1월 8일, 도쿄에서 일왕 암살을 시도하였답니다.

비록 폭탄이 불발하는 바람에 실패했지만 독립을 바라는 뜨거운 마음을 널리 알리게 되었죠.
대한 독립 만세!

두 분 모두 김구 선생과 함께 '한인 애국단'이라는 조직을 통해 이런 일을 계획하였습니다.

두 분의 항일 투쟁은 우리 역사에서 매우 중요한 의미를 띠는 것이었어요.

사실 1930년대 들어 우리나라의 독립에 절망적인 생각을 갖는 사람이 많아졌어요.
일본의 힘이 너무 강해!

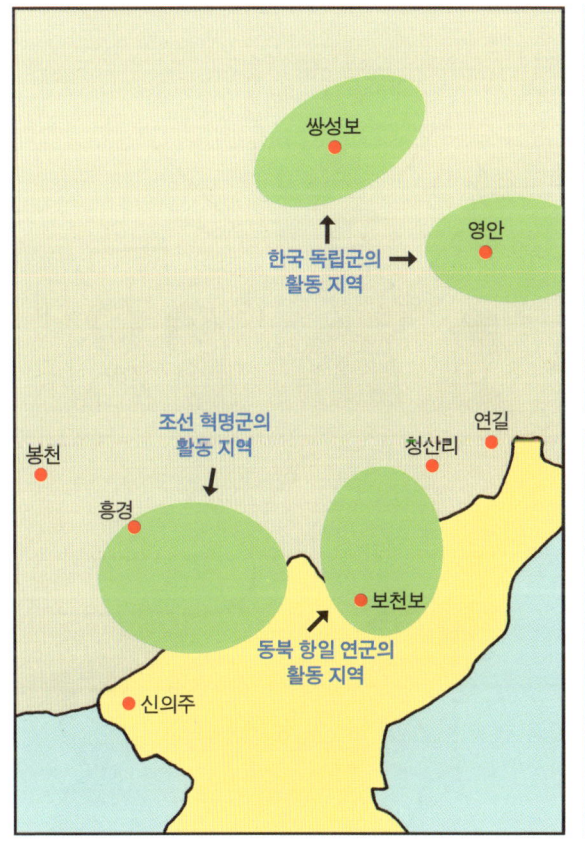

1938년 중국 안에서 처음으로 한국인 무장 부대가 만들어졌어요. 조선 의용대입니다.

이 사진은 한인 애국단을 바탕으로 만들어진 임시 정부 산하의 한국 광복군입니다.

둘 다 중국 국민당 정부의 지원을 받았지만 나중에 화북으로 간 조선 의용대는 사회주의자들이 주축이 되었고,

임시 정부의 직할 군대인 한국 광복군은 민족주의자들이 주축이 되어 이끌었죠.

민족을 위해 목숨 걸고 싸우신 분이 참 많았군요.

맞아요. 오늘 새롭게 느끼고 있어요.

바로 그분들 덕에 오늘의 우리가 있다고 생각해요.

6장 부활하는 독립 전쟁 **89**

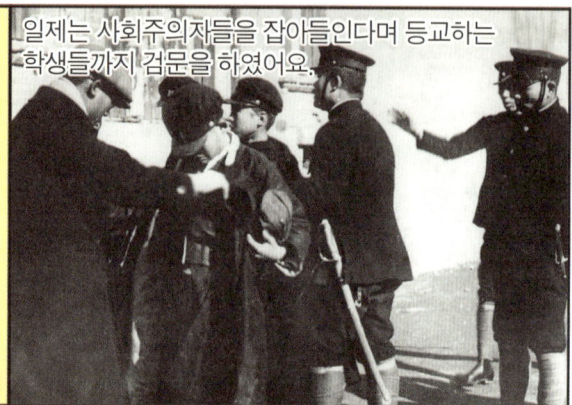

"강보에 싸인 두 아들, 모순과 담에게.
너희도 만일 피가 있고 뼈가 있다면
반드시 조선을 위해 용감한 투사가 되어라.
태극의 깃발을 높이 드날리고
나의 빈 무덤 앞에 찾아와 한 잔의 술을 부어 놓아라.
그리고 너희는 아비 없음을 슬퍼하지 말아라.
사랑하는 어머니가 있으니… (이하 생략)."

 역사 돋보기

우리말 우리글을 지키려는 노력, 조선어 학회 사건

1942년 함경남도 성진역에서 박병엽이라는 청년이 옷차림이 불량하다고 일본 경찰에게 끌려갔다. 일본 경찰은 이 청년을 옭아 넣기 위해 집안을 뒤졌다가 청년의 조카인 박영옥의 일기장을 발견했다. 그 일기에는 "국어를 쓰다가 혼이 났다."는 내용이 있었다. 이때 '국어'는 일본어였다. 일본어를 쓴다고 혼을 내다니! 경찰은 박영옥을 다그쳐 그녀가 다니던 영생 여고 교사 정태진을 잡아들였다. 정태진은 미국 유학 후 영생 여고에서 교사 생활을 하다가 서울에서 조선어 학회의 사전 편찬 작업을 도와주고 있었다. 일본 경찰은 조선어 학회를 독립운동 단체로 몰기 위해 정태진에게 모진 고문을 가했다. 고문에 못 이긴 정태진은 일본이 원하는 대답을 해 줘야만 했다. 조선어 학회 사건은 이렇게 시작되었다.

'조선어 학회'는 1921년 주시경 선생의 제자들이 만든 '조선어 연구회'를 이은 단체로, '한글'이라는 이름을 정했을 뿐 아니라, 한글날의 기원이 되는 '가갸날'을 제정하고, 사전 편찬 작업에 나서 '한글 맞춤법 통일안'을 만들기도 하였다. 민족 말살 정책을 펴던 일제는 이런 조선어 학회를 눈엣가시처럼 생각하고 있었다. 그래서 정태진 사건을 꼬투리 삼아 조선어 학회를 해체시키려 했던 것이다. 경찰은 최현배, 이희승 등 조선어 학회 소속 국어 학자 29명을 구속하고, 모진 고문을 가했다. 가혹한 고문 때문에 이윤재, 한징 선생이 재판 도중에 옥에서 목숨을 거두었고, 11명이 징역형을 선고받았다. 이들의 죄명은 '학술 단체를 가장해 나라를 뒤엎으려 한 독립운동 단체'에 가담했다는 것이었다.

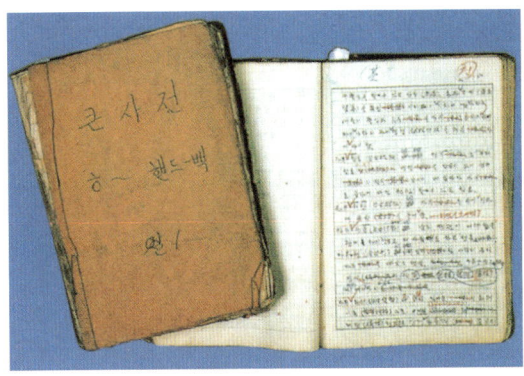

조선어 학회의 우리말 큰사전 편찬을 위한 원고

 덤

중국에서 싸운 독립군, 조선 의용대

1935년 사회주의 세력과 민족주의 세력의 단결을 내세우며 중국 난징에서 '민족 혁명당'이 탄생하였다. 김원봉이 이끄는 의열단을 중심으로, 만주와 중국에서 활동하던 여러 독립운동 단체가 통합하여 당을 만든 것이다. 민족 혁명당은 1938년 자체 군사 조직으로 '조선 의용대'를 창설하였다. 200여 명의 조선 의용대는 일본에 밀리고 있던 중국군을 도와 함께 싸울 것을 자청하고 나섰다. 그러나 중국 정부의 요청에 따라 후방으로 내려가 군사 훈련만 받게 되자, 즉각 항일전에 나설 것을 주장하는 대원들은 이에 반발해 화북으로 갔다. 이들은 화북에서 항일전을 벌이고 있던 중국 공산당과 손을 잡고, 이미 중국 공산당군에 속해 있던 조선인들과 함께 '조선 의용군'을 창설해 일제와 싸웠다. 한편 이렇게 대원 가운데 상당수가 화북으로 가 버리자 김원봉은 1942년 임시 정부에 합류하였고, 남은 조선 의용대는 광복군에 속하게 되었다.

조선어 학회 기념 사진

1935년 표준어를 정하기 위해 모인 조선어 학회 학자들. 숫자 1로 표시되어 있는 인물이 이윤재, 2가 한징, 3이 안재홍이다.

7장

최후의 결전을 준비하며

역사 연대표

- 1919년   3·1 운동, 대한민국 임시 정부 수립
- 1920년   물산 장려 운동
- 1920년   청산리 대첩
- 1926년   6·10 만세 운동, 신간회 결성(1927), 광주 학생 운동(1929)
- 1931년   일제의 만주 침략
- 1932년   윤봉길 의거, 중·일 전쟁(1937), 한국 광복군 창설(1940)
- **1941년   태평양 전쟁, 임시 정부 선전 포고, 건국 동맹 결성(1944)**
- 1945년   해방, 모스크바 3상 회의, 미·소 공동 위원회(1946)
- 1948년   대한민국 수립, 조선 민주주의 인민 공화국 수립, 분단
- 1950년   한국 전쟁 발발, 휴전(1953)
- 1960년   4·19 혁명, 5·16 쿠데타(1961)
- 1970년   경부 고속 도로 개통, 전태일 분신
- 1980년   광주 민주화 운동, 6월 민주 항쟁(1987)
- 1994년   북·미 제네바 합의, 남북 정상 회담(2000)
- 2002년   한·일 월드컵 개최, 노무현 대통령 당선
- 2008년   이명박 정부 출범
- 2013년   박근혜 정부 출범
- 2017년   문재인 정부 출범
- 2022년   윤석열 정부 출범

불시착한 광복군

국내 진입을 위해 선발대로 나섰던 광복군 일부가 1945년 8월 18일 산둥성 웨이현 비행장에 불시착했다. 이들은 일본의 항복 소식을 듣고 시안으로 돌아가던 길이었다. 우리 손으로 일제를 몰아내기 위해 준비해 왔던 이들에게 일본의 갑작스런 항복은 기쁘지만 안타까운 일이었다. 아래는 광복군 총사령부 직원들의 기념 사진이다.

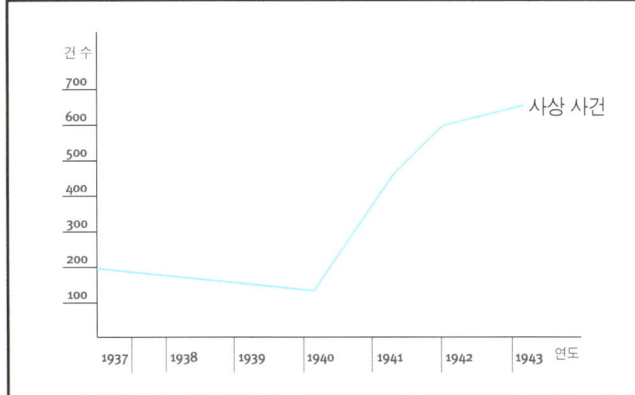

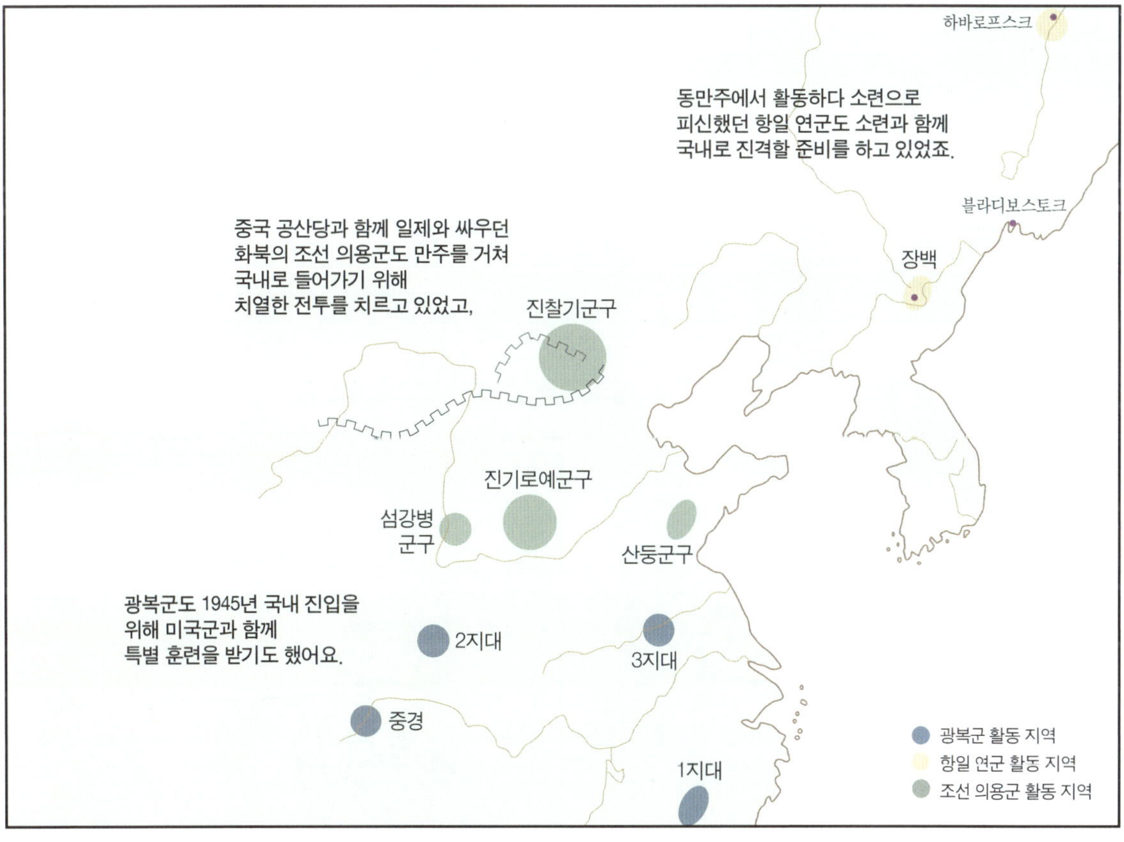

 역 사 돋 보 기

세계가 전쟁터로, 2차 세계 대전

야금야금 주변국을 침략하던 독일은 1939년 소련과 불가침 조약을 맺고 폴란드를 침공하였다. 내심 히틀러가 소련을 막는 방파제 구실을 할 것으로 생각하며 나치의 주변국 침략을 못 본 체해 오던 영국과 프랑스는 그제서야 독일에 전쟁을 선포하였다.

그러나 독일은 초반 전세를 압도하며 순식간에 프랑스를 점령해 버렸다. 독일은 이런 승리에 도취되어 1941년 불가침 조약을 깨고 소련으로 쳐들어갔다. 소련은 엄청난 피해를 입었지만 완강히 저항하였다. 이제 소련과 미국, 영국, 프랑스가 파시즘에 반대해 손을 잡게 되었다.

한편 1937년부터 중국을 침략하고 있던 일본은 동남 아시아까지 침략을 확대하였다. 미국이 이에 대한 응징으로 일본에 대한 경제 봉쇄를 단행하자, 일본은 1941년 미국 하와이의 진주만 해군 기지를 폭격하였다. 태평양 전쟁이 시작된 것이다. 그야말로 세계 전체가 전쟁의 소용돌이에 휩싸였다. 1942년 스탈린그라드 전투에서 승리한 소련은 후퇴하는 독일군을 쫓아 대공세를 벌이며 동유럽 나라들을 해방시켰다. 동유럽 각지에서는 이미 파시즘에 반대하는 의용군이 조직되어 독일군을 몰아내고 있었다. 1944년 6월, 궁지에 몰린 독일을 완전히 소탕하기 위한 노르망디 상륙 작전이 개시되었다. 연합군은 프랑스를 탈환하고 유럽을 해방시켜 나갔다.

태평양 전쟁도 막바지에 이르렀다. 그러나 일본은 독일이 항복한 후에도 끝까지 자살 특공대(가미카제 특공대)를 조직해 미국의 함대를 공격하는 등 발악을 계속하였다. 1945년 8월 6일 히로시마에 원자 폭탄이 투하되었다. 24만 인구 중 14만 명이 희생되었다. 아울러 소련이 일본에 선전 포고를 하였고, 사흘 뒤에는 나가사키에서 두 번째 원자 폭탄이 터졌다. 일본은 무조건 항복을 선언하였다. 전쟁은 끝났다.

덤

광복군의 OSS 훈련

1940년 창설된 광복군은 1941년 일본에 선전 포고를 하였다. 그리고 연합군의 일원으로 아홉 명의 광복군을 인도 버마 전선에 투입하기도 하였다. 1945년 미국 전략 사무국(OSS)과 광복군은 한반도에 침투할 첩보원으로 광복군을 활용하자는 계획에 합의하였다. 이에 따라 광복군은 OSS의 지도 아래 중국 시안에서 침투 첩보 훈련을 받았다. 광복군 OSS 1기생의 훈련이 끝난 것은 8월 4일. 사흘 뒤인 8월 7일에는 침투 작전에 대한 구체적인 계획이 수립되었다. 그러나 침투 작전이 시행되기 직전 일본은 무조건 항복 의사를 밝혔다. 아쉽게도 광복군의 국내 침투 작전은 계획으로만 끝나 버렸고, 우리가 직접 일본을 물리칠 기회는 잃게 되었다.

2차 세계 대전 주요 장면
왼쪽부터 독일의 폴란드 침공 / 일본의 진주만 기습 / 노르망디 상륙 작전 / 히로시마 원자 폭탄 투하

8장

해방의 감격, 점령의 비극

역사 연대표

- 1919년　3·1 운동, 대한민국 임시 정부 수립
- 1920년　물산 장려 운동
- 1920년　청산리 대첩
- 1926년　6·10 만세 운동, 신간회 결성(1927), 광주 학생 운동(1929)
- 1931년　일제의 만주 침략
- 1932년　윤봉길 의거, 중·일 전쟁(1937), 한국 광복군 창설(1940)
- 1941년　태평양 전쟁, 임시 정부 선전 포고, 건국 동맹 결성(1944)
- **1945년　해방, 모스크바 3상 회의, 미·소 공동 위원회(1946)**
- 1948년　대한민국 수립, 조선 민주주의 인민 공화국 수립, 분단
- 1950년　한국 전쟁 발발, 휴전(1953)
- 1960년　4·19 혁명, 5·16 쿠데타(1961)
- 1970년　경부 고속 도로 개통, 전태일 분신
- 1980년　광주 민주화 운동, 6월 민주 항쟁(1987)
- 1994년　북·미 제네바 합의, 남북 정상 회담(2000)
- 2002년　한·일 월드컵 개최, 노무현 대통령 당선
- 2008년　이명박 정부 출범
- 2013년　박근혜 정부 출범
- 2017년　문재인 정부 출범
- 2022년　윤석열 정부 출범

미군을 환영하는 인파

사람들은 일본군을 몰아낸 미군을 해방군으로 환영했다. 그러나 미군은 일장기를 내린 자리에 성조기를 걸고, 조선인의 자주적인 국가 수립 노력을 인정하지 않았다. 해방의 감격이 가시기도 전에 미래에 대한 불안감이 커져 갔다. 아래 사진은 일장기를 내리는 모습이다.

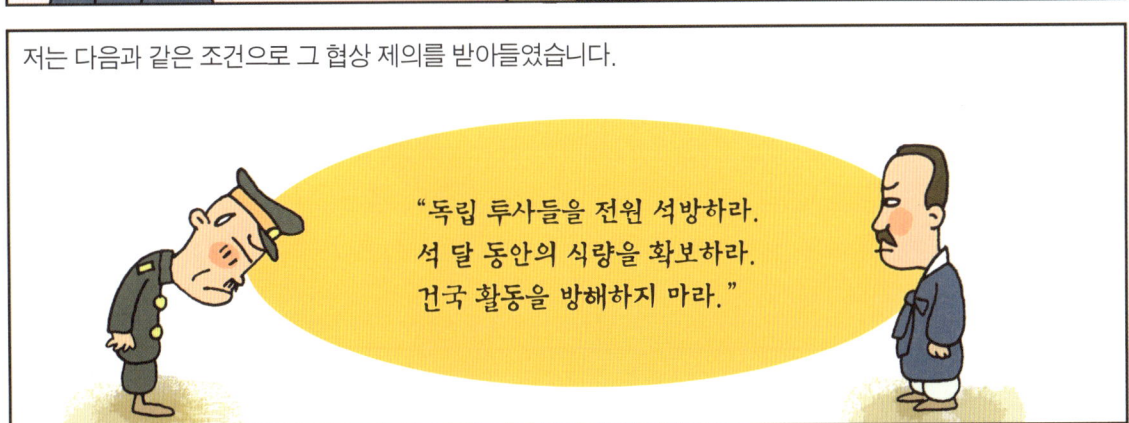

연설을 마치고 나오는 여운형

8장 해방의 감격, 점령의 비극 **115**

미군은 조선 총독부에 걸린 일장기를 내리고 대신 성조기를 올리고 나서

맥아더 사령관 이름으로 포고령을 내렸습니다.

"38도선 이남의 조선 영토와 인민에 대한 통치권은 당분간 본 사령관의 권한 하에 있다."

어! 그럼 건국 준비 위원회는요?

건국 준비 위원회는 미군이 들어오기 전에 서둘러 인민 공화국을 선포했지만

미 군정은 이를 인정하지 않았죠.

남한을 다스리는 유일한 합법 정부는 미국군 사령부 미 군정뿐입니다.

건국 준비 위원회나 인민 공화국은 인정할 수가 없소.

북한에 들어온 소련군 역시 38도선 이북을 장악했어요.

이런 가운데 더욱 안타까운 일은

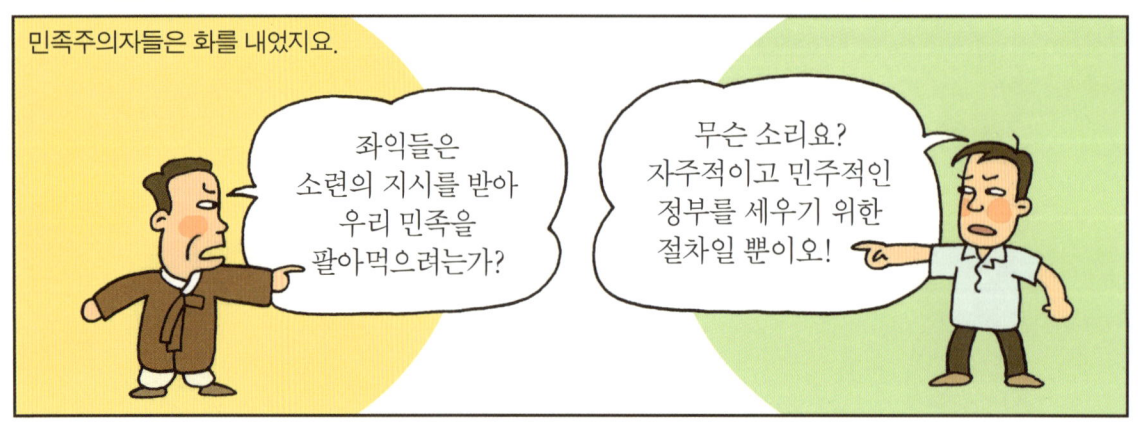

 역사 돋보기

암살과 테러가 난무한 해방 정국

해방의 감격이 채 가시기도 전에 새로운 나라를 어떻게 세울 것인가를 두고 좌익과 우익은 격렬히 대립하였다. 특히 미 군정 아래 남한에서는 반공을 내세우는 이승만(한국 민주당) 세력에서부터 사회주의 국가 건설을 주장하는 박헌영(조선 노동당) 세력에 이르기까지 다양한 정치적 주장이 난무하였다. 극단적인 좌익과 우익은 모두 자신들의 주장만이 옳다고 생각했기 때문에 상대방을 제거해야 할 적으로 생각하였다. 특히 모스크바 3상 회의 결정을 놓고 서로 대립하면서 상대방을 암살하거나 테러를 가하는 일도 자주 발생하였다.

조선 총독부가 여운형에 앞서 협상을 벌였던 우익 계열의 대표적인 인물 송진우도 반탁 운동에 적극적이지 않다는 이유로 극우파에 의해 암살당하는 판이었다. 송진우와 함께 한민당을 만들었던 장덕수도 나중에 암살당하였다. 장덕수는 일제 말기에 친일 행위를 일삼다 해방이 되자 이승만을 추대해 한민당을 만든 인물인데, 단독 정부 수립을 추진하다 죽음을 맞았다.

건국 준비 위원회를 주도했고, 좌우가 힘을 합쳐야 한다고 호소했던 여운형도 결국 암살로 목숨을 잃었다. 여운형은 해방 이후 모두 열두 차례나 테러를 당했을 정도로 좌우 양쪽으로부터 집요한 공격을 받았다. 여운형을 암살한 배후는 '백의사'라고 불리는 극우 테러 단체로 이승만 정권의 보호를 받고 있었던 것으로 보인다. '장군의 아들'로 유명한 김두한도 백의사의 일원으로 좌익에 대한 테러에 앞장 섰다.

우익이었지만 분단 정부 수립에 반대하고 남북 협상을 주장했던 김구 선생도 결국 암살당했는데, 그 범인은 안두희였다. 안두희는 월남한 반공 청년들의 단체인 서북 청년회 회원으로 이승만 정권의 총애를 받던 특무 대장 김창룡과 친한 사이였다. 안두희는 또한 백의사의 일원이었고 미국 방첩 부대(CIC)의 비밀 요원이었음이 밝혀졌다.

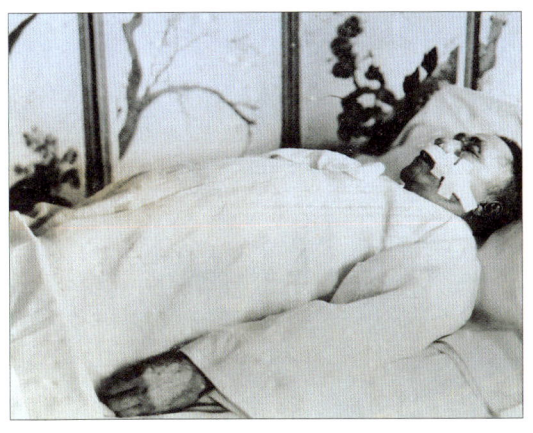

영안실에 안치되어 있는 김구

 덤

좌익과 우익

원래 좌익, 우익이라는 말은 프랑스 혁명 때 나온 말로, 의회의 왼쪽에는 과격한 혁명을 주장하는 급진파들이 앉고, 오른쪽에는 점차적인 개혁을 주장하는 온건파들이 앉았던 데에서 유래한다. 그러나 나중에는 계급 투쟁을 통해 평등한 세상을 건설하자고 주장하는 사회주의자들을 좌익이라 부르게 되었고, 개인의 자유가 보장되는 자본주의 체제를 유지하자는 사람들을 우익이라 부르게 되었다. 우리나라의 경우 일제에 맞서 독립을 되찾자는 데는 좌우가 따로 없었지만, 새로운 나라를 어떻게 세울 것인가를 두고는 좌우가 격렬하게 대립하였으며, 이러한 대립은 결국 분단과 전쟁으로까지 이어졌. 사진은 좌우익으로 분열된 정치권을 풍자한 시사 만화이다.

해방 정국 좌우익의 대립
3상 회의 결정 절대 지지 시위(좌익, 왼쪽)와 신탁 통치 절대 반대 시위(우익, 오른쪽).

9장

두 개의 나라로

역사 연대표

- 1919년   3·1 운동, 대한민국 임시 정부 수립
- 1920년   물산 장려 운동
- 1920년   청산리 대첩
- 1926년   6·10 만세 운동, 신간회 결성(1927), 광주 학생 운동(1929)
- 1931년   일제의 만주 침략
- 1932년   윤봉길 의거, 중·일 전쟁(1937), 한국 광복군 창설(1940)
- 1941년   태평양 전쟁, 임시 정부 선전 포고, 건국 동맹 결성(1944)
- 1945년   해방, 모스크바 3상 회의, 미·소 공동 위원회(1946)
- **1948년   대한민국 수립, 조선 민주주의 인민 공화국 수립, 분단**
- 1950년   한국 전쟁 발발, 휴전(1953)
- 1960년   4·19 혁명, 5·16 쿠데타(1961)
- 1970년   경부 고속 도로 개통, 전태일 분신
- 1980년   광주 민주화 운동, 6월 민주 항쟁(1987)
- 1994년   북·미 제네바 합의, 남북 정상 회담(2000)
- 2002년   한·일 월드컵 개최, 노무현 대통령 당선
- 2008년   이명박 정부 출범
- 2013년   박근혜 정부 출범
- 2017년   문재인 정부 출범
- 2022년   윤석열 정부 출범

대한민국 정부 수립

일제로부터 해방된 우리 민족은 이제 드디어 꿈에 그리던 독립 국가를 가지게 되었다. 그러나 그 감격은 반으로 줄어 있었다. 통일 정부를 세우지 못하고 남한만의 반쪽 정부에 만족해야 했기 때문이다. 하지만 그것은 새로운 역사의 출발이었다.

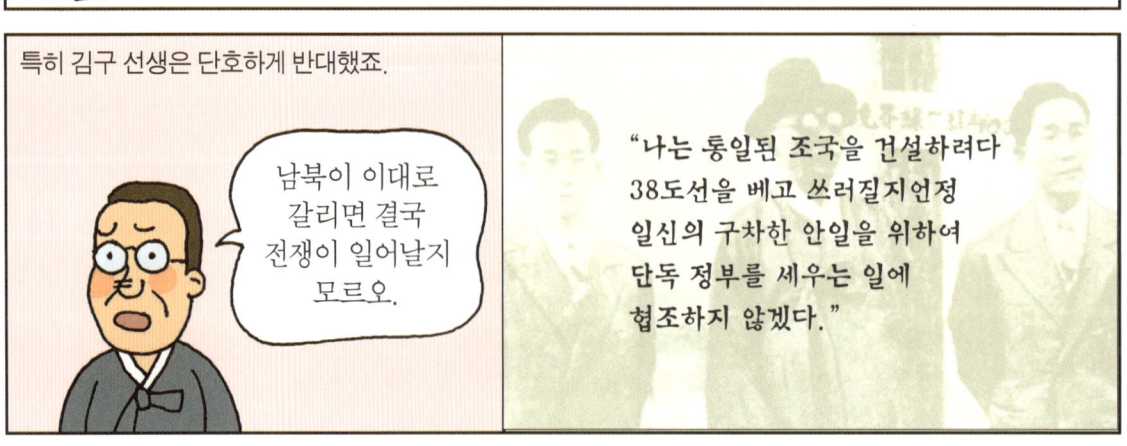

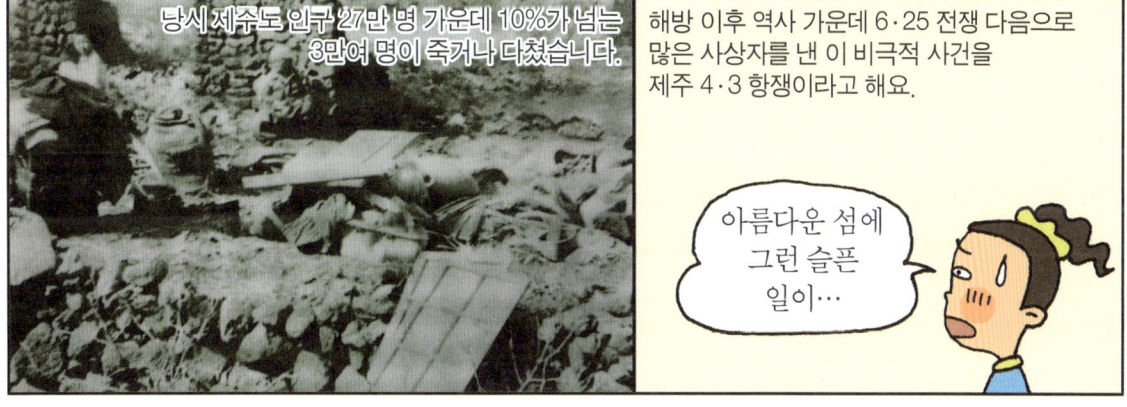

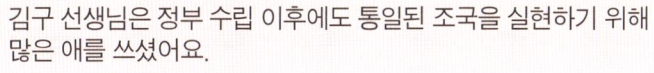

 **역사 돋보기**

새로운 시대, 새로운 희망

"광복 후 첫 등교하는 날, 우리는 교과서도 없이 강의를 받았다. 생전 처음으로 우리말 국어 강의를 받은 그날의 환희와 감격은 정말 벅찼다."

좌우의 분열과 대립, 그리고 분단으로 이어지는 혼란 속에서도 우리 사회는 해방과 함께 찾아온 희망을 키워 나가고 있었다. 특히 일제에 의해 말살되었던 우리말과 글, 그리고 역사를 공부할 수 있게 된 것은 큰 축복이었다. 이제 더 이상 일본말을 못한다고 매를 맞는 일은 없게 되었다.

일제 강점기를 거치면서 전통적인 신분 질서가 완전히 무너졌기 때문에, 누구나 능력만 있다면 잘살 수 있다는 생각이 뿌리를 내리게 되었다. 사람들은 너나없이 '출세'를 위해 경쟁하였고, 그 가장 좋은 수단은 교육이라고 생각하였다. 어렵고 힘든 생활 속에서도 자식들을 공부시키려는 부모님들의 노력은 눈물겨웠다. 이에 따라 문맹률은 급속도로 낮아졌고 교육 인구는 놀랄 만큼 늘어났다. 처음에는 교과서도 없이 수업이 진행되었지만, 부랴부랴 한국어 교과서가 만들어졌다. 한자를 거의 쓰지 않고 한글 위주, 가로 쓰기로 교과서를 만든 것은 굉장히 큰 변화였다. 교과서가 만들어지고 늘어난 교육 수요에 맞춰 새로운 학교가 문을 열었지만 이번에는 가르칠 선생님이 크게 부족했다. 부족한 교원을 보충하기 위해 교원 양성소가 마련되었고, 국어 재교육을 위해 조선어 학회에서 교사들을 대상으로 한글 강습회를 열기도 했다.

이렇게 한자도 일본어도 아닌 한글을 학교에서 배우고 자란 한글 세대들은 1960~1970년대 우리 경제가 발전하는 데 큰 역할을 하게 되었다.

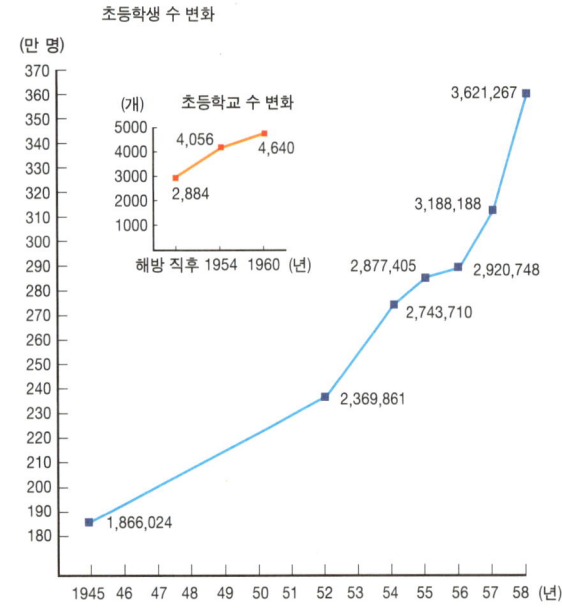

해방 후 초등학교와 학생 수의 변화

해방 직후, 빼앗겼던 우리글을 배우는 아이들

 덤

김구가 소망한 나라

"나는 우리나라가 세계에서 가장 아름다운 나라가 되기를 원한다. 가장 부강한 나라가 되기를 원하는 것은 아니다. 내가 남의 침략에 가슴이 아팠으니 내 나라가 남을 침략하는 것을 원치 아니한다. 우리의 부력(富力)은 우리의 생활을 풍족히 할 만하고 우리의 강력(强力)은 남의 침략을 막을 만하면 족하다. 오직 한없이 가지고 싶은 것은 높은 문화의 힘이다. 문화의 힘은 우리 자신을 행복하게 하고, 나아가서 남에게 행복을 주기 때문이다. 지금 인류에게 부족한 것은 무력도 아니요, 경제력도 아니다. 자연 과학의 힘은 아무리 많아도 좋으나 인류 전체로 보면 현재의 자연 과학만 가지고도 편안히 살아가기에 넉넉하다. 인류가 현재에 불행한 근본 이유는 인의가 부족하고 자비가 부족하고 사랑이 부족한 때문이다." ― 김구 〈나의 소원〉

사진은 평양 남북 연석회의에서 연설하는 김구 선생이다.

10장

갈가리 찢기는 금수강산

역사 연대표

- **1919년** 3·1 운동, 대한민국 임시 정부 수립
- **1920년** 물산 장려 운동
- **1920년** 청산리 대첩
- **1926년** 6·10 만세 운동, 신간회 결성(1927), 광주 학생 운동(1929)
- **1931년** 일제의 만주 침략
- **1932년** 윤봉길 의거, 중·일 전쟁(1937), 한국 광복군 창설(1940)
- **1941년** 태평양 전쟁, 임시 정부 선전 포고, 건국 동맹 결성(1944)
- **1945년** 해방, 모스크바 3상 회의, 미·소 공동 위원회(1946)
- **1948년** 대한민국 수립, 조선 민주주의 인민 공화국 수립, 분단
- **1950년** 한국 전쟁 발발, 휴전(1953)
- **1960년** 4·19 혁명, 5·16 쿠데타(1961)
- **1970년** 경부 고속 도로 개통, 전태일 분신
- **1980년** 광주 민주화 운동, 6월 민주 항쟁(1987)
- **1994년** 북·미 제네바 합의, 남북 정상 회담(2000)
- **2002년** 한·일 월드컵 개최, 노무현 대통령 당선
- **2008년** 이명박 정부 출범
- **2013년** 박근혜 정부 출범
- **2017년** 문재인 정부 출범
- **2022년** 윤석열 정부 출범

평양 철수

전쟁은 사람들의 삶을 갈가리 찢어 놓았다. 남북한을 합쳐 130만 명이 넘는 사망자가 발생했고, 그보다 훨씬 많은 숫자의 부상자가 생겨났다. 절박한 심정으로 부서진 다리를 넘고 있는 저 피란민들 가운데 상당수는 이산가족이 되었다.

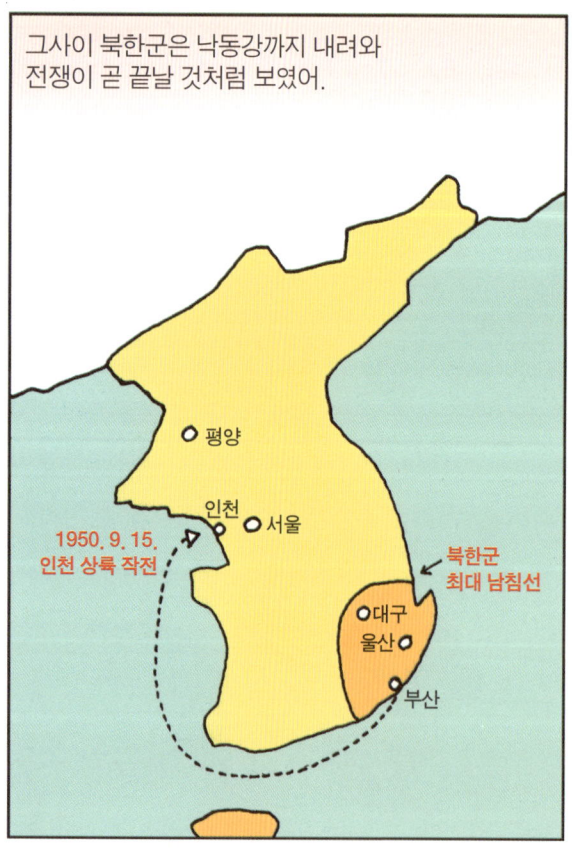

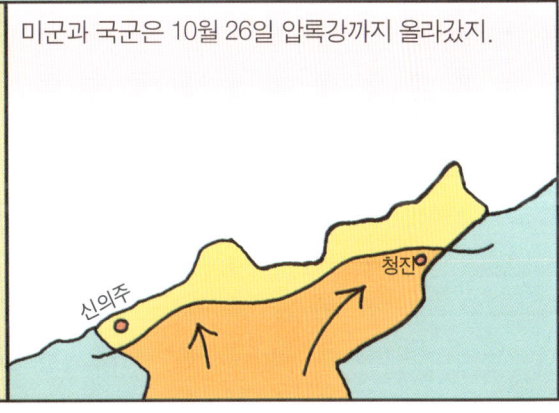

12월 5일, 평양 철수

휴전 협정 조인식

구분	남	북	계
사망	601,347	700,151	1,301,498
부상	946,735	1,819,849	2,766,584
실종	431,316	771,206	1,202,522

(단위 : 명)

 역사 돋보기

소년병, 책 대신 총을 잡고

"8월 10일 목요일 쾌청
어머니, 나는 사람을 죽였습니다. 그것도 돌담 하나를 사이에 두고. 10여 명은 될 것입니다. 나는 4명의 특공대원과 함께 수류탄이라는 무서운 폭발 무기를 던져 일순간에 죽이고 말았습니다. 다리가 떨어져 나가고 팔이 떨어져 나갔습니다. 너무나 가혹한 죽음이었습니다. 아무리 적이지만 그들도 사람이라고 생각하니, 더욱이 같은 언어와 같은 피를 나눈 동족이라고 생각하니 가슴이 답답하고 무겁습니다. 어머니, 전쟁은 왜 해야 하나요? 무서운 생각이 듭니다. 지금 제 옆에서는 수많은 학우들이 죽음을 기다리는 듯 적이 덤벼들 것을 기다리며 뜨거운 햇볕 아래 엎드려 있습니다."

이 글은 1950년 8월 포항 전투에 참가했다가 전사한 소년병 이우근의 주머니에서 발견된 일기이다. 전쟁 중에는 어린 학생들이 책 대신 총을 들고 전쟁터에 나가기도 하였다. 이들을 '학도 의용군'이라고 부르는데, 이 가운데 15~17세의 어린 학도병을 '소년병'이라 하였다. 남한의 경우 3000여 명이 참전하여 그 가운데 2400여 명이 목숨을 잃었고, 북한의 인민군 가운데도 어린 청소년이 많았다. 특히 북한은 남한 점령 지역에서 소년들을 징집해 '의용군'이란 이름으로 전선에 투입하였다. 이에 따라 인민군에 끌려간 남한 출신 의용군과 국군 소년 지원병이 서로 총부리를 겨누는 경우도 생겨났다.

여성 의용군의 군사 훈련
학생들뿐만 아니라 여성들이 전쟁터에 나가기도 했다.

포로로 잡힌 어린 의용군

좌절된 민족정기 회복의 꿈

"변변치 못한 최린이지만 기미년 3·1 운동 당시 일제에 정면으로 반기를 든 자라고 해서 그들은 그 후 나를 주목하고 위협하고 또 유혹하여, 끝내 민족을 배반하는 행동을 하게 하였으니 오직 죄스럽고 부끄러울 뿐이다." 반민족 행위자 특별 조사 위원회에 출두한 최린은 이렇게 자신의 잘못을 털어놓았다. 일제에 협력해 민족을 배반한 이들을 심판해야 한다는 여론에 따라 1948년 국회는 '반민족 행위자 처벌에 관한 특별법'을 만들었다. 그러나 이승만과 친일파들은 반민 특위의 활동을 끈질기게 방해하였다. 친일 경찰들이 오히려 반민 특위 사무실을 습격하는 일이 일어났고, 이승만은 이런 경찰들을 감싸 주었다. 경찰들이 반공 활동을 하고 있으므로 보호해 주어야 한다는 논리였다. 결국 민족정기를 바로 세우려는 반민 특위 활동은 별 성과 없이 1년 만에 끝나 버렸다. 사진은 끌려가는 민족 반역자들.

11장

4·19와 5·16

역사 연대표

- 1919년 3·1 운동, 대한민국 임시 정부 수립
- 1920년 물산 장려 운동
- 1920년 청산리 대첩
- 1926년 6·10 만세 운동, 신간회 결성(1927), 광주 학생 운동(1929)
- 1931년 일제의 만주 침략
- 1932년 윤봉길 의거, 중·일 전쟁(1937), 한국 광복군 창설(1940)
- 1941년 태평양 전쟁, 임시 정부 선전 포고, 건국 동맹 결성(1944)
- 1945년 해방, 모스크바 3상 회의, 미·소 공동 위원회(1946)
- 1948년 대한민국 수립, 조선 민주주의 인민 공화국 수립, 분단
- 1950년 한국 전쟁 발발, 휴전(1953)
- 1960년 **4·19 혁명, 5·16 쿠데타(1961)**
- 1970년 경부 고속 도로 개통, 전태일 분신
- 1980년 광주 민주화 운동, 6월 민주 항쟁(1987)
- 1994년 북·미 제네바 합의, 남북 정상 회담(2000)
- 2002년 한·일 월드컵 개최, 노무현 대통령 당선
- 2008년 이명박 정부 출범
- 2013년 박근혜 정부 출범
- 2017년 문재인 정부 출범
- 2022년 윤석열 정부 출범

국립 4·19 묘지와 수송 초등학교 학생들의 시위

아! 슬퍼요. / 아침 하늘이 밝아 오며는 / 달음박질 소리가 들려옵니다. / 저녁 노을이 사라질 때면 / 탕탕탕탕 총 소리가 들려옵니다. / 아침 하늘과 저녁 노을을 / 오빠와 언니들은 피로 물들였어요. // 잊을 수 없는 4월 19일 그리고 25일과 26일 / 학교에서 파하는 길에 / 총알은 날아오고 / 피는 길을 덮는데 / 외로이 남은 책가방 / 무겁기도 하더군요. // 나는 알아요, 우리는 알아요. / 엄마 아빠 아무 말 안 해도 / 오빠와 언니들이 왜 피를 흘렸는지를.

－수송 초등학교 강명희 학생의 시

국민 여러분! 우리는 혁명군이오. 우리의 공약을 발표하겠소.

1. 반공을 첫 번째 국가 이념으로 삼는다.
2. 미국을 비롯한 자유 우방과 유대를 강화하겠다.
3. 굶주림에 허덕이는 민중들의 생활을 개선하겠다.
4. 통일을 위하여 공산주의와 대결할 수 있는 실력을 기르겠다.

박정희는 4·19 혁명으로 다시 움튼 민주주의의 싹을 무참히 짓밟았단다.

집회와 시위, 단체 결성 금지! 언론·출판은 정부의 허락을 받으라!

박정희는 미국으로 건너가 미국의 지지를 얻어 냈고

미국 케네디 대통령을 만난 박정희

그 후 18년 동안 대통령으로 우리나라를 통치하게 된단다.

1년 만에 혁명이 좌절되다니…

그래. 그러나 혁명으로 독재자를 무너뜨린 경험과 기억은 우리 국민에게 큰 힘으로 남게 된단다.

이 묘지는 목숨을 바쳐 민주주의를 되찾은 4·19 혁명의 희생자들을 모신 곳이지.

4·19 기념관

자, 기념관에 다 왔구나. 민주주의의 소중함을 새기며 그분들께 가서 묵념을 드리자.

네!

11장 4·19와 5·16

 역사 돋보기

박정희는 누구인가?

박정희는 1917년 경북 선산에서 가난한 농부의 아들로 태어나, 대구 사범 학교를 졸업하고 초등학교 교사로 근무하다가, 군인으로 출세하기 위해 1940년 만주 군관 학교에 입학하였다. 다카키 마사오로 이름을 고친 그는 만주 군관 학교를 수석으로 졸업하였고, 그 덕에 다시 일본 육군 사관 학교로 편입하였다. '일본인보다 더 일본인 같은' 모범 생도였던 그는 졸업 후 관동군 중위로 근무하였다.

일제가 패망하자 박정희는 관동군을 이탈해 광복군을 찾아갔다. 1946년 국내로 들어와서는 조선 경비 사관 학교(육군 사관 학교)를 졸업하고 대위가 되었다. 1948년 제주도에서 일어난 4·3 항쟁을 진압하기 위해 여수에 집합해 있던 군인들이 출동을 거부하고 반란을 일으킨 사건이 발생했다. 반란을 주도한 이들은 남조선 노동당에 속해 있는 좌익 군인들이었는데, 박정희도 그 주모자로 체포되어 무기 징역형을 선고받았다. 그러나 주변인들의 도움으로 형을 살지는 않았는데, 군대 내 좌익 조직에 관한 정보를 넘겨주고 혼자 살아남았다는 주장도 있다.

이 사건으로 그는 군인 신분을 박탈당했지만 6·25 전쟁이 터지자 다시 군인 신분을 회복하였다. 전쟁 기간 동안 정보국에서 근무하던 그는 1953년 장군으로 진급하였다. 그 후 계속 승진하여 1961년에는 제2군 부사령관이 되었다.

1960년 4·19 혁명이 일어나 이승만 정권이 무너지고 민주당 정부가 들어섰다. 그러나 박정희를 비롯한 군부 세력은 민주당 정부를 '부패, 무능' 하다고 단정하고, 1961년 쿠데타를 일으켰다. 쿠데타로 권력을 잡은 박정희는 초헌법적 기관인 '국가 재건 최고 회의' 의장을 맡아 2년 7개월 동안 군정을 실시하였다. 그는 "혁명 임무를 완수하면 군인으로 돌아가겠다."고 몇 차례나 약속했지만 "혁명이 완수되지 않았다."며 번번이 약속을 어겼고, 결국 1963년 군복을 벗고 대통령 선거에 나와 야당 후보 윤보선을 근소한 차로 누르고 대통령이 되었다. 이후 그는 18년 5개월 동안 장기 집권하며 독재 권력을 휘둘렀다. 이 기간 동안 급속한 경제 성장이 이루어졌으나 민주주의와 인권 상황은 크게 악화되어 평가가 엇갈리고 있다.

견습 사관 시절의 박정희
(사진 제공 : 정운현)

만주 군관 학교를 수석 졸업한 박정희
〈만주일보〉에 실린 사진으로, 박정희가 생도 대표로 경례를 하고 있다.(사진 제공 : 정운현)

 덤

어머니 슬퍼하지 마세요

"시간이 없는 관계로 어머님 뵙지 못하고 떠납니다. 지금 저의 모든 친구들, 그리고 대한민국 모든 학생들은 우리나라 민주주의를 위하여 피를 흘립니다. 어머님, 데모에 나간 저를 책하지 마시옵소서. 우리가 아니면 누가 데모를 하겠습니까. 저는 아직 철없는 줄 압니다. 그러나 국가와 민족을 위하는 길이 어떻다는 것을 알고 있습니다. 저희 모든 학우는 죽음을 각오하고 나간 것입니다. 저는 생명을 바쳐 싸우려고 합니다. 데모하다 죽어도 원이 없습니다. 어머님, 저를 사랑하시는 마음으로 무척 비통하게 생각하시겠지마는 온 겨레의 앞날과 민족의 해방을 위하여 기뻐해 주세요. 부디 몸 건강히 계세요. 거듭 말씀드리지만 저의 목숨은 이미 바치려고 결심하였습니다…" 4·19 혁명 당시 한성 여중 2학년이었던 진영숙 학생은 이런 편지를 쓰고 시위에 참가하였다가 총에 맞아 사망하였다.

12장

경제 성장의 빛과 그늘

역사 연대표

- 1919년 3·1 운동, 대한민국 임시 정부 수립
- 1920년 물산 장려 운동
- 1920년 청산리 대첩
- 1926년 6·10 만세 운동, 신간회 결성(1927), 광주 학생 운동(1929)
- 1931년 일제의 만주 침략
- 1932년 윤봉길 의거, 중·일 전쟁(1937), 한국 광복군 창설(1940)
- 1941년 태평양 전쟁, 임시 정부 선전 포고, 건국 동맹 결성(1944)
- 1945년 해방, 모스크바 3상 회의, 미·소 공동 위원회(1946)
- 1948년 대한민국 수립, 조선 민주주의 인민 공화국 수립, 분단
- 1950년 한국 전쟁 발발, 휴전(1953)
- 1960년 4·19 혁명, 5·16 쿠데타(1961)
- **1970년 경부 고속 도로 개통, 전태일 분신**
- 1980년 광주 민주화 운동, 6월 민주 항쟁(1987)
- 1994년 북·미 제네바 합의, 남북 정상 회담(2000)
- 2002년 한·일 월드컵 개최, 노무현 대통령 당선
- 2008년 이명박 정부 출범
- 2013년 박근혜 정부 출범
- 2017년 문재인 정부 출범
- 2022년 윤석열 정부 출범

경부 고속 도로

누구나 불가능하다고 했던 경부 고속 도로 건설. 그러나 박정희 대통령은 군사 작전을 펴듯 고속 도로 건설을 밀어붙여 불과 2년 반 만에 경부 고속 도로를 완성시켰다. 그러나 이 기간 동안 무리한 공사로 인해 희생된 노동자가 77명이나 되었다. 경부 고속 도로의 명암은 박정희식 경제 발전의 명암을 상징하는 것이었다. 아래의 사진은 노동자의 처우 개선을 외치며 분신한 전태일의 영정을 안고 울부짖는 어머니 이소선 여사이다.

경제 개발에만 급급했던 박정희 정권은 민족이 당한 고통을 헐값에 팔아 넘긴 꼴이 됐어.

피해 당사자와 그 유족인 국민들은 지금껏 제대로 보상을 받지 못하고 있지.

박정희 정권이 자본을 마련하기 위해 한 일 또 하나.

베트남 파병! 결심했어.

당시 베트남의 공산화를 막겠다며 미국이 그곳에서 전쟁을 벌이고 있었거든.

반공 국가인 한국이 함께 나서야죠.

O.K!

1968년부터 1973년까지 총 5만의 젊은 군인이 베트남에 파병됐어.

그 중 5000여 명이 죽거나 다쳤어. 그 희생으로 우리나라 경제를 다시 일으킬 수 있었지만…

그 희생이 너무 컸어. 많은 베트남 사람도 우리 군인들에 의해 희생됐고, 국제적인 비난도 들어야 했지.

베트남 포로들

꼭 그랬어야 했는지 잘 모르겠어.

더 많은 공부가 필요하겠지.

12장 경제 성장의 빛과 그늘 **169**

12장 경제 성장의 빛과 그늘 **171**

 역사 돋보기

명분 없는 전쟁, 베트남 전쟁

베트남은 19세기에 프랑스 식민지가 되었고, 이를 벗어나기 위해 계속 투쟁을 벌였다. 처음에는 민족주의자들이 투쟁의 중심에 있었으나, 점차 사회주의자들이 독립 투쟁의 주도권을 쥐게 되었다.

2차 세계 대전이 터지자 이번에는 일본이 베트남을 점령하였고, 베트남 공산당은 항일전을 벌여 나갔다. 2차 세계 대전이 끝나자 베트남 인들은 이제 독립할 수 있으리란 희망에 기뻐했다. 그러나 일본에 밀려났던 프랑스가 다시 군대를 몰고 베트남에 들어왔다. 베트남 인들은 또다시 프랑스와 전쟁을 벌여야 했다. 프랑스군의 우세한 화력도 베트남 인의 독립 의지를 꺾을 수는 없었다. 마침내 프랑스는 베트남의 독립을 승인할 수밖에 없었다. 그러나 이번에는 미국이 끼어들었다. '공산주의를 막는다.' 는 명분으로 1955년 베트남 남부에 친미 정권을 세운 것이다. 이에 따라 베트남은 공산당이 지배하는 북베트남과 친미 반공 세력이 지배하는 남베트남으로 분단되었다.

외세로부터 완전히 독립하기를 바랐던 남베트남 사람들은 남베트남 민족 해방 전선(베트콩)을 만들어 게릴라 활동을 벌였고, 북베트남은 이들을 지원하였다. 미국은 이를 구실로 1965년부터 북베트남에 대한 폭격을 개시하여 본격적인 전쟁이 시작되었다. 한국은 미

고엽제를 뿌리고 있는 미군
고엽제는 동식물을 파괴했을 뿐 아니라, 인간에게도 각종 질병과 기형아 출산이라는 후유증을 남겼다. 우리나라 참전 군인들도 고엽제 후유증에 시달리고 있다.

국의 요청을 받아들여 오스트리아, 뉴질랜드와 함께 이 전쟁에 참가하였다.

미국은 베트남전에 엄청난 병력과 무기를 동원하였다. 삽시간에 밀림을 불바다로 만들어 버리는 네이팜탄과 나무들을 말려 죽이는 고엽제가 베트남 전역에 뿌려졌다. 민간인을 베트콩으로 몰아 학살하는 만행이 곳곳에서 일어났다. '명분 없는 전쟁'을 비판하던 세계 여론은 미군의 만행으로 더욱 악화되어 베트남전 반대 운동이 세계 각지에서 일어났다. 결국 미국은 1975년 베트남에서 철수하였고, 베트남은 공산당에 의해 통일되었다.

발가벗은 베트남 여자아이
베트남인들은 전쟁으로 엄청난 고통을 겪었다.

덤

추억의 도시락 검사

1960~1970년대에는 급식이 없었고 도시락을 싸 가야 했는데, 도시락을 먹기 전에 선생님께 검사를 받았다. 흰 쌀밥이면 혼이 났고, 보리나 콩 같은 잡곡이 30% 이상 섞여 있어야 했다. 1970년대 초까지 우리나라는 쌀이 부족했다. 박정희 정권은 부족한 식량 문제를 해결하고 쌀값을 낮추기 위해 쌀 이외의 다른 잡곡을 섞어 먹게 하는 혼식, 밀가루 음식을 먹게 하는 분식을 권장하였다. 특히 미국에서 남아도는 밀가루가 대량으로 들어오고 있었기 때문에 밀가루를 이용한 라면이나 국수를 먹자는 캠페인을 벌였다. 아예 매주 수요일, 토요일은 혼분식의 날로 정해 식당에서도 혼분식만 팔도록 했다. 혼분식 장려 운동은 부족한 식량 문제를 해결하기 위한 것이었지만 그 결과 전통 식단이 파괴되고 건강에 좋지 않은 패스트푸드가 유행하게 됐으며, 벼농사를 짓던 농민들은 손해를 감수해야 했다.

사진은 소풍날 국수를 먹는 아이들.

13장

민주주의를 향한 전진

역사 연대표

- 1919년　3·1 운동, 대한민국 임시 정부 수립
- 1920년　물산 장려 운동
- 1920년　청산리 대첩
- 1926년　6·10 만세 운동, 신간회 결성(1927), 광주 학생 운동(1929)
- 1931년　일제의 만주 침략
- 1932년　윤봉길 의거, 중·일 전쟁(1937), 한국 광복군 창설(1940)
- 1941년　태평양 전쟁, 임시 정부 선전 포고, 건국 동맹 결성(1944)
- 1945년　해방, 모스크바 3상 회의, 미·소 공동 위원회(1946)
- 1948년　대한민국 수립, 조선 민주주의 인민 공화국 수립, 분단
- 1950년　한국 전쟁 발발, 휴전(1953)
- 1960년　4·19 혁명, 5·16 쿠데타(1961)
- 1970년　경부 고속 도로 개통, 전태일 분신
- 1980년　광주 민주화 운동, 6월 민주 항쟁(1987)
- 1994년　북·미 제네바 합의, 남북 정상 회담(2000)
- 2002년　한·일 월드컵 개최, 노무현 대통령 당선
- 2008년　이명박 정부 출범
- 2013년　박근혜 정부 출범
- 2017년　문재인 정부 출범
- 2022년　윤석열 정부 출범

이한열 장례식의 인파

1987년 6월 최루탄에 맞아 숨진 한 대학생을 추모하기 위해 100만의 인파가 모였다. 시청 앞 광장에 모인 이들은 다시는 이런 불행이 되풀이되지 않는 세상, 그야말로 국민이 주인 되는 민주주의 세상을 꿈꾸며 이한열을 떠나보냈다.

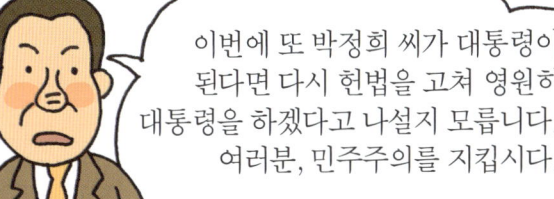

그런데 이때 전남 광주에서 너무 엄청난 일이 일어났어.

5월 18일, 시위에 나선 시민과 학생들을 군인들이 무자비하게 진압하고 나선 거야.

분노한 시민들이 더욱 거세게 시위에 참여하자 군인들은 총을 쏘아 댔단다.

시민들은 스스로 무장을 하고 '시민군'을 만들어 대항했지만

잘 훈련된 군인들의 상대가 될 수는 없었어.

5월 27일, 계엄군은 시민군을 완전히 진압했고, 광주 민주화 운동은 수많은 희생자를 내고 끝이 났지.

망월동 묘지

민주주의를 열망하는 국민을 무력으로 짓밟고 대통령이 된 전두환과 군부 세력은 절대적인 권력을 휘둘렀어.

기업인도 정치인도 모두 내 말을 따르라!

많은 민주 인사를 체포하여 고문하고 심지어는 간첩으로 몰기도 했어.

1987년 1월, 대학생 박종철이 물고문을 받다 사망했지.

헉

분노한 학생과 시민들은 독재 타도를 외치며 거리로 몰려나왔고

6월에 들어서는 전국적으로 민주화 시위가 퍼져 나갔지.

이 사진이 바로 그때 찍은 거야!

아!

전두환 정부는 전투 경찰을 동원하여 시위를 막았지만 수백만의 시민을 막을 수 없었어.

마침내 6월 29일 전두환의 후계자로 지명된 노태우가 대통령 직선제 등 민주화 요구를 수용하겠다고 선언을 했지.

국민의 뜻에 따라…

와~! 마치 4·19 혁명처럼 국민이 독재 정권을 이긴 거네요.

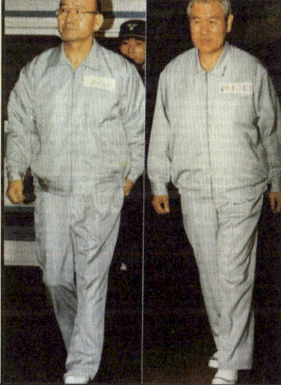

1997년 전두환과 노태우는 광주 민주화 운동을 무력으로 짓밟고, 대통령 시절 많은 부정을 저지른 대가를 치르지.

1996년 12월
전두환 무기 징역형.
노태우 징역 17년형.
(1997년 12월 특별 사면)

오늘 같은 민주주의 역시 거저 이루어진 게 아니군요.

암! 민주주의를 지키고 발전시키는 것! 무척 어려운 일이지.

네~!

13장 민주주의를 향한 전진 **185**

역사 돋보기

광주여, 우리나라의 십자가여…

계엄군의 잔인한 폭력에 맞서 총을 들어야 했던 광주 시민들. 민주주의를 지키기 위해 일어난 이 광주 민주화 운동을 향해 정부는, '간첩'이 혼란을 일으켜 '폭도'가 날뛰고 있으며 도시가 '무법천지'로 변했다고 거짓말을 해 댔다. 방송이나 신문에서도 매일같이 이런 거짓 보도를 앵무새처럼 되풀이했다.

하지만 계엄군을 몰아내고 시민군이 광주를 장악한 5월 22일부터 26일까지, 광주는 진정한 민주주의 공동체의 모습을 보여 주었다. 거짓 보도를 일삼던 방송사와 신문사는 분노한 시민들에 의해 불타 버렸지만, 그 밖의 은행이나 관공서는 전혀 피해를 입지 않았고 다른 사건 사고도 거의 없었다. 외부로부터 완전히 고립되어 모든 물자가 부족한 상황이었지만 시민들은 공동체 의식을 발휘해 자발적으로 물자를 나눠 썼다. 시민군 지도부는 부족한 물자를 잘 배분하기 위해 차량 통행증, 유류 발급증을 만들기도 했다.

시민군과 지도부의 식사도 시민들의 자발적인 도움으로 해결되었다. 부상자가 많아 피가 부족하다는 소식이 알려지자 너 나 할 것 없이 병원으로 몰려들어 헌혈에 동참하였으며, 시위로 어지러운 거리를 자발적으로 청소하는 등 스스로 질서를 유지하기 위해 애썼다.

시민들은 이 기간 동안 매일 도청 앞 광장에서 집회를 열어 민주주의를 위한 결의를 다지고, 앞으로의 계획에 대해서도 토론을 벌였다. 수습 대책 위원회가 구성되어 무기를 회수하고 정부와 협상을 벌이기도 했다. 그러나 이런 노력에도 아랑곳없이 5월 27일 새벽 계엄군은, 탱크와 헬기를 앞세워 광주로 쳐들어왔다. 끝까지 도청을 지키며 결사 항전을 벌이던 시민군은 무참히 짓밟혔다. 광주의 희생은 이후 모든 민주화 운동의 뿌리가 되었다.

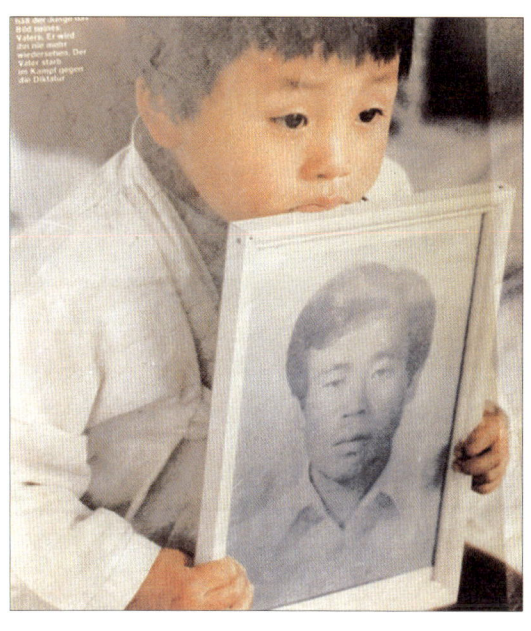

영정을 든 아이
해외 언론에 소개된 사진.
광주의 비극을 전 세계에 알렸다.

도청 앞 분수대 광장 집회

6월 항쟁의 상징, 이한열 열사

1987년 봄, 서울대생 박종철 군이 경찰의 고문 때문에 숨졌다는 소식이 전해졌다. 크게 분노한 국민들은 헌법을 고쳐 국민의 손으로 직접 대통령을 뽑자고 주장하였다. 그러나 전두환은 헌법 개정은 절대 있을 수 없다며 국민의 뜻을 외면했다. 전국 곳곳에서 직선제 헌법 쟁취 시위가 일어났다. 1987년 6월 9일 연세 대학교에서도 시위가 벌어졌고, 학생들은 교문 앞으로 나가 자신들의 주장을 외쳤다. 경찰은 이를 진압하기 위해 학교 안으로 밀고 들어오며 최루탄을 마구 쏘아댔다. 그 와중에 한 학생이 머리에 피를 흘리며 쓰러졌다. 이한열 학생이 최루탄을 머리에 맞은 것이었다. 이한열은 그날부터 혼수상태에 빠졌다. 국민들의 분노는 더욱 커졌고 6월 항쟁이 본격적으로 시작되었다. 결국 이한열은 직선제 개헌을 수용한다는 6·29 선언이 발표된 1주일 후인 7월 5일 숨을 거두었다.

14장

함께할 미래, 북한

역사 연대표

- 1919년   3·1 운동, 대한민국 임시 정부 수립
- 1920년   물산 장려 운동
- 1920년   청산리 대첩
- 1926년   6·10 만세 운동, 신간회 결성(1927), 광주 학생 운동(1929)
- 1931년   일제의 만주 침략
- 1932년   윤봉길 의거, 중·일 전쟁(1937), 한국 광복군 창설(1940)
- 1941년   태평양 전쟁, 임시 정부 선전 포고, 건국 동맹 결성(1944)
- 1945년   해방, 모스크바 3상 회의, 미·소 공동 위원회(1946)
- 1948년   대한민국 수립, 조선 민주주의 인민 공화국 수립, 분단
- 1950년   한국 전쟁 발발, 휴전(1953)
- 1960년   4·19 혁명, 5·16 쿠데타(1961)
- 1970년   경부 고속 도로 개통, 전태일 분신
- 1980년   광주 민주화 운동, 6월 민주 항쟁(1987)
- 1994년   북·미 제네바 합의, 남북 정상 회담(2000)
- 2002년   한·일 월드컵 개최, 노무현 대통령 당선
- 2008년   이명박 정부 출범
- 2013년   박근혜 정부 출범
- 2017년   문재인 정부 출범
- 2022년   윤석열 정부 출범

평양의 전경
한국 전쟁을 거치며 폐허가 되었던 평양은 복구 사업을 통해 세계 어디에 내놔도 뒤지지 않을 현대식 도시로 변모했다. 그러나 무리한 국방비 지출과 경제적 고립은 북한 경제를 파탄시켰고, 북한도 개혁 개방의 길을 모색하게 되었다.

천리마 운동 기념탑

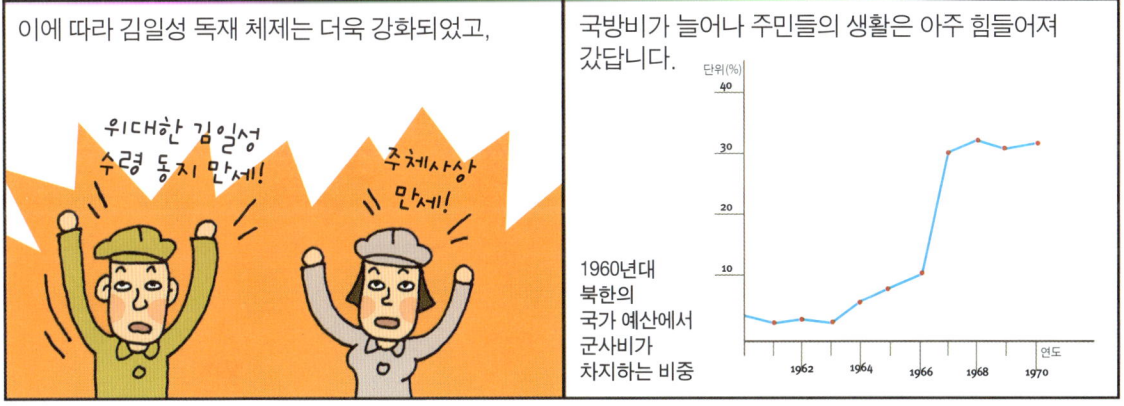

그러던 1972년, 남과 북은 깜짝 놀랄 만한 공동 선언을 하였어요.

"남과 북은 '자주·평화·민족 대단결'의 원칙에 따라 통일을 추진한다."
-1972년 7·4 남북 공동 성명

1972년 남북 대화를 위해 북한에 다녀온 중앙 정보부장 이후락

그러나 뒤이어 남한에서는 박정희의 10월 유신이 선포되고, 북한에서도 김일성 헌법이 선포됩니다.

우리 헌법은 위대한 수령 김일성 동지의 주체적인 국가 건설 사상과 업적을 법화한 김일성 헌법이다.

그리고 이때부터 김일성에 대한 개인숭배가 본격적으로 이루어진답니다.

항일 투쟁의 영웅 김일성 장군!

모래알로 쌀을 만드시고

솔방울로 수류탄을 만드셨습니다.

그렇지만 1970년대 들어 대한민국이 '한강의 기적'을 이룬 것과 대조적으로

1960년대까지 성과를 보이던 북한 경제는 점점 한계를 드러내기 시작합니다.

식량 배급이 요즘 형편없어!

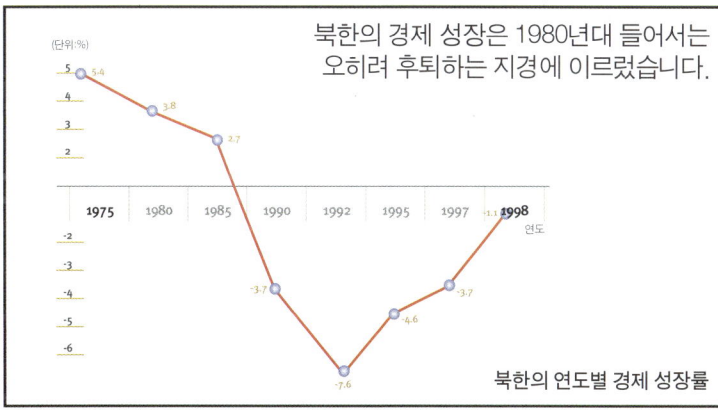

3대 혁명 소조 운동

철거되는 레닌 동상

남북도 한때 교류를 넓혀 화해 분위기가 커지기도 했어요.

1998년부터 금강산 관광이 시작되었고

2000년에는 개성공단이 만들어져 남한 기업이 북한에 공장을 세웠죠.

하지만 남북 교류에 불만을 품은 사람도 많았어요.

북한에 보내준 쌀 총탄으로 돌아온다!

게다가 북한이 서해 침범, 미사일 발사 등 무력 도발을 계속하면서 남북 관계는 차가워졌어요.

그 사이 북한에서는 권력 3대 세습이 이루어지기도 했죠.

북한이 앞으로 민주화를 이루고 국제 사회에 당당히 나설 수 있기를 바랍니다.

그리하여 미래에 여러분과 함께 통일 한국을 이끌어 갈 북한의 어린이들이 잘 자라길 기대합니다.

 역사 돋보기

북한의 학교와 학생들

북한 어린이들은 네 살이 되면 유치원에 들어가고 여섯 살이 되면 소학교(초등학교)에 입학한다. 소학교는 우리와 달리 5년 과정이며, 소학교를 졸업하면 초급중학교에서 3년, 이어서 고급중학교에서 3년을 공부한다. 유치원 높은 반부터 소학교, 초급중학교, 고급중학교까지 12년은 의무 무상 교육이다. 고급중학교를 졸업하면 남자는 70% 정도가 군대에 가고, 20%는 취업을 하며, 10% 정도만 대학에 진학한다.

북한 학생들은 조직 생활에 익숙하다. 소학교 2학년이 되면 누구나 '소년단'에 의무적으로 가입해야 하며, 등교도 집 주변 일정한 장소에 모여 함께 한다. 소학교 학생들의 복장도 모두 같은데, 남학생은 흰색 셔츠에 진한 감색 바지, 여학생은 흰 블라우스에 멜빵 달린 감색 치마를 입으며, 머리에 붉은 꽃을 꽂기도 한다.

소학교의 주당 수업 시간은 21~25시간으로 적은 편이지만 체육이나 단체 활동이 많기 때문에 학교에서 보내는 시간은 이보다 훨씬 많다. 특히 학생들은 누구나 한 가지씩 '소조(동아리)' 활동을 해야 하는데 학교뿐 아니라 지역마다 학생 소년 궁전이 있어 다양한 문화 소조 활동을 할 수 있다.

소학교 3학년부터 학기 말, 학년 말 시험을 보며, 시험을 잘 못 보아 낙제하게 되면 방학을 이용해 재시험을 보기도 한다. 여름 방학은 8월 1일부터 8월 31일까지 한 달 정도이며, 겨울방학은 1월 1일부터 2월 중순까지 45일 정도이다. 방학 동안 학생들이 가장 해 보고 싶은 것은 '소년단 야영'에 참가하는 것이라고 한다. 새 학기는 4월 1일부터 시작된다.

 덤

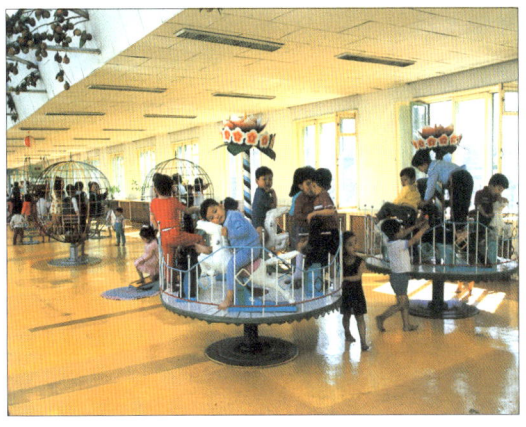

북한의 탁아소
전국적으로 6만여 개의 탁아소가 도시는 물론 산간 벽지까지 지어져 있다.

분단 때문에 치러야 하는 비용은 얼마나 될까?

2024년 우리나라의 국방비 예산은 59조 원으로, 정부 재정 총액의 12.8%에 이르고 세계에서 10번째로 많은 금액이다. 이 어마어마한 돈을 다른 곳에 쓴다면 어떤 일을 할 수 있을까? 전국 대학 등록금 총액이 약 15조 원이니 국방비 일부만 아끼더라도 대학까지 무상 교육이 가능하다. 2020년 기준 의료비 총액이 69조 원이니 국방비를 없앤다면 무상 의료도 불가능하지 않다.

전 세계에서 징병제를 시행하는 나라는 70여 개국, 그중 18개월 이상 복무하는 곳은 25개국 정도이다. 선진국 대부분은 적절한 급여를 약속하고 희망자를 모집해 군대를 운영하고 있다. 이에 비해 우리나라는 계속 징병제를 유지하고 있으며, 최근 출생률이 줄면서 복무 기간을 다시 늘려야 한다는 주장까지 나오고 있다.

사진은 2018년부터 2022년까지 40대가 도입된 F-35 전투기이다. 총 7조 7,700억 원의 예산이 투입되었으니 대당 1,900억 원 이상을 쓴 셈이다. 정부는 2028년까지 이 전투기 20대를 더 도입할 예정이다.

북한 어린이들의 등교 모습
북한 어린이들은 이렇게 등교도 모여서 함께 한다.

15장

새로운 미래를 향하여

역사 연대표

- 1919년 3·1 운동, 대한민국 임시 정부 수립
- 1920년 물산 장려 운동
- 1920년 청산리 대첩
- 1926년 6·10 만세 운동, 신간회 결성(1927), 광주 학생 운동(1929)
- 1931년 일제의 만주 침략
- 1932년 윤봉길 의거, 중·일 전쟁(1937), 한국 광복군 창설(1940)
- 1941년 태평양 전쟁, 임시 정부 선전 포고, 건국 동맹 결성(1944)
- 1945년 해방, 모스크바 3상 회의, 미·소 공동 위원회(1946)
- 1948년 대한민국 수립, 조선 민주주의 인민 공화국 수립, 분단
- 1950년 한국 전쟁 발발, 휴전(1953)
- 1960년 4·19 혁명, 5·16 쿠데타(1961)
- 1970년 경부 고속 도로 개통, 전태일 분신
- 1980년 광주 민주화 운동, 6월 민주 항쟁(1987)
- 1994년 북·미 제네바 합의, 남북 정상 회담(2000)
- 2002년 한·일 월드컵 개최, 노무현 대통령 당선
- 2008년 이명박 정부 출범
- 2013년 박근혜 정부 출범
- 2017년 문재인 정부 출범
- 2022년 윤석열 정부 출범

2002년 월드컵 응원

"대~한민국!" 2002년 월드컵을 거치면서 우리는 우리가 '강팀'임을 알게 되었다. 모진 역경 속에서도 민주주의를 쟁취했고, 경제 발전을 통해 세계로 뻗어 나가는 대한민국. 이런 자부심 속에 더 밝은 희망의 미래가 싹트고 있다.

하지만 박근혜 대통령은 국민의 기대를 저버려 탄핵당했고, 2017년 문재인 대통령이 선출되었어.

이후 2022년에는 윤석열 대통령이 당선됐단다.

자~ 자, 대한민국 역사에서 경제 발전을 빼놓을 수 없지.

굶주리던 사람들이 수두룩하던 1960년대를 지나,

1970년대, 한강의 기적을 이루었고,

1980년대를 거치면서 풍요로운 생활이 가능해졌지.

물론 이런 경제 성장은 열심히 일한 노동자·농민들의 노력 덕분이지!

그렇지만 아직 해결해야 할 과제도 많이 남아 있단다.

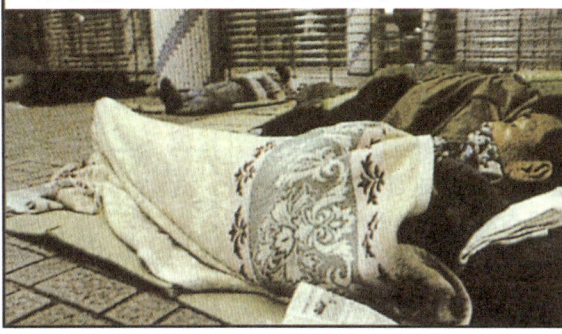
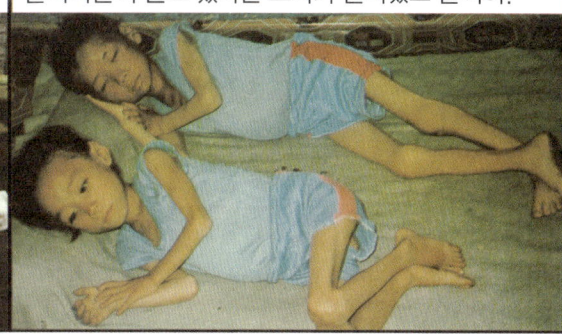

1997년 IMF 때에는 수많은 사람이 직장을 잃었고 노숙자가 되기도 했지.

공교롭게도 북한에서도 식량난에 굶주리는 아이와 탈북자들이 늘고 있다는 소리가 들려왔고 말이야.

물론 경제 위기는 극복했지만 비정규직이나 양극화 문제는 여전히 꼭 해결해야 할 과제지.

남북 관계도 좋아졌으면 해요.

앗! 이모~

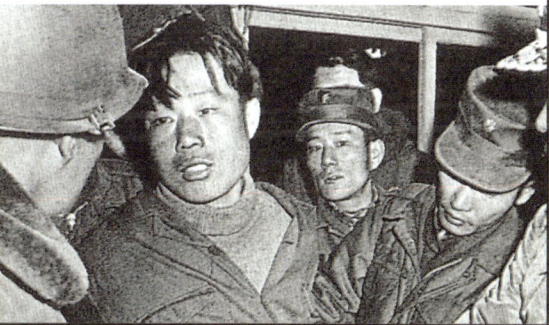

그동안 남과 북이 어려운 고비도 많이 겪었지만 화해 노력도 꾸준히 해 왔지요.

1968년엔 대규모 무장 간첩이 침투하기도 했고, 크고 작은 충돌이 잦았지만

1970년대 들어와 남북 적십자 회담이 서울과 평양을 오가며 10여 차례나 이루어졌고,

특히 1988년에는 대학생 임수경 씨가 북한을 방문해 민간 교류의 물꼬를 텄죠.

이어서 문익환 목사를 비롯해 많은 사람이 정부의 금지에도 불구하고 북한에 들어갔어요.

이에 정부도 대화에 보다 적극적으로 나서 1992년 남북 기본 합의서를 체결했답니다.

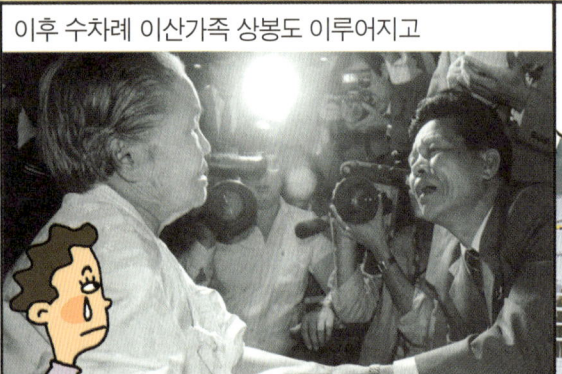

이후 수차례 이산가족 상봉도 이루어지고

남북한 경제 교류도 더욱 활발해졌지요. 특히 1998년 현대 그룹 정주영 회장의 '소떼 방북'은 세계의 주목을 끌었답니다.

그리고 마침내 2000년 남북 정상 회담이 있었죠.

하지만 이명박 정부 이후 남북 관계는 다시 냉각되었고

2007년에도 남북 정상이 만나 교류를 더욱 활발히 하기로 했죠.

문재인 정부 때 북미 정상회담이 여러 번 개최되며 많은 기대를 모았지만

 역사 돋보기

우리는 얼마나 커졌나?

2018년 6월 방탄소년단(BTS)의 앨범이 미국 빌보드 차트 1위에 올랐다. 2019년 개봉한 봉준호 감독의 '기생충'은 프랑스 칸 영화제에서 최고상인 황금 종려상을 받아 화제가 되었으며, 2021년 넷플릭스를 통해 개봉된 드라마 '오징어 게임'은 91일간 2억 6,000만 회 이상 시청되며 넷플릭스 역사상 가장 높은 시청률을 기록한 TV 시리즈가 됐다.

K-팝, K-드라마의 인기는 지금도 계속되고 있으며, 그 영향으로 한글이나 한국 음식, 한국 문화에 관한 관심도 나날이 커지고 있다. 'K-컬처'가 세계인들에게 '힙한 문화'로 여겨지는 것은 한국의 창조력이나 역동성이 감탄의 대상이 되고 있기 때문이다.

1953년, 전쟁이 끝난 해에 우리나라 국내 총생산액(GDP)은 13억 달러였다. 그러나 2024년 국내 총생산액은 2조 1,500억 달러로 전 세계 15위 수준이다. 1953년 4,000만 달러에 불과했던 수출은 2022년 6,800억 달러를 넘어, 세계 7~8위권의 무역 대국이 되었다. 일제의 수탈로 경제 기반이 무너지고, 전쟁을 거치면서 온 국토가 폐허로 변해 봄만 되면 힘겨운 보릿고개를 넘어야 했던 과거를 생각하면, 그야말로 기적 같은 성취라고 할 수 있다.

이런 경제적 성과보다 더 뿌듯한 것은 모진 탄압과 어려움 속에서도 국민의 힘으로 민주주의를 성장시켜 왔다는 점이다. 독재를 용납하지 않고 민주주의를 꽃피우기 위해 노력한 이들의 희생이 있었기 때문에 가능한 일이었다. 경제 성장과 정치 민주화는 이제 문화 발전으로 이어지고 있다. '우리나라가 세계에서 가장 아름다운 나라가 되기를 원한다'라며, '오직 한없이 가지고 싶은 것은 높은 문화의 힘'이라고 했던 김구 선생의 소망에 가까워진 셈이다.

그러나 아직 우리에게는 남은 과제가 많다. 빈부 격차 해소, 수도권 집중 완화, 출생률 증진, 인권 보장, 복지 확대 등 지속 가능한 성장을 위한 방안 모색이 필요하다. 그동안 우리가 이룬 성취를 바탕으로, 더 나은 미래로 나아갈 길을 찾아야 하리라.

K-POP 열풍

K-POP을 알린 가수 방탄소년단(BTS)

 덤

기후 위기를 극복할 수 있을까?

2024년 7월부터 8월까지, 밤에도 기온이 25도 이하로 내려가지 않는 열대야가 34일이나 이어져 1907년 기상 관측을 시작한 이래 최장 기록을 세웠다. 남쪽 지방에서 주로 생산되던 사과는 이제 충청도를 지나 강원도에서 생산되고 있고, 거의 매년 기록적인 집중 호우가 발생하고 있다. 그동안 인류는 석유나 석탄 같은 화석 연료를 펑펑 쓰며 공업화를 이루고 생활을 편리하게 발전시켜 왔다. 그러나 이런 화석 연료는 이산화탄소를 비롯한 온실가스를 발생시킨다. 이 온실가스가 쌓여 지구가 점점 뜨거워지고 있다.
산업화 이후 계속 오르고 있는 지구 평균 기온을 1.5℃ 이내로 막지 못한다면 인류 전체가 멸망할 수 있다는 위기의식도 커지고 있다. 우리나라는 2023년 6억 7,000만 톤의 온실가스를 배출해 세계에서 13번째로 많은 온실가스를 배출했다. 기후 위기를 극복하고 지속 가능한 미래를 만들기 위해서는 더 많은 고민과 노력이 필요하다. 사진은 2022년 여름 갑작스러운 폭우로 물에 잠긴 강남역. 예측 불가능한 집중 호우와 그로 인한 피해가 매년 발생하고 있다.

초등학생을 위한 살아있는 한국사 5
– 독립운동부터 21세기 한반도까지

초판 1쇄 발행일 2005년 5월 16일
개정1판 1쇄 발행일 2015년 2월 2일
개정2판 1쇄 발행일 2024년 9월 23일

원작 전국역사교사모임
글 이성호
그림 이은홍

발행인 김학원
발행처 휴먼어린이
출판등록 제313-2006-000161호(2006년 7월 31일)
주소 (03991) 서울시 마포구 동교로23길 76(연남동)
전화 02-335-4422 **팩스** 02-334-3427
저자·독자 서비스 humanist@humanistbooks.com
홈페이지 www.humanistbooks.com
유튜브 youtube.com/user/humanistma **포스트** post.naver.com/hmcv
페이스북 facebook.com/hmcv2001 **인스타그램** @human_kids
기획 정미영 **편집** 신영숙 **디자인** 김태형 AGI 임동렬 기하늘 **책임 사진** 권태균
사진 제공 한국학중앙연구원 경주시청 대한민국역사박물관 문화체육관광부 부산광역시 Flickr
2016 K-CON 파리 ⓒ 전한 / Korea.net / CC BY-SA 2.0
용지 화인페이퍼 **인쇄** 삼조인쇄 **제본** 해피문화사

ⓒ 이은홍·이성호, 2005

ISBN 978-89-6591-588-1 77910
ISBN 978-89-6591-583-6(세트)

- 이 책은 저작권법에 따라 보호받는 저작물이므로 무단 전재와 무단 복제를 금합니다.
- 이 책의 전부 또는 일부를 이용하려면 반드시 저작권자와 휴먼어린이 출판사의 동의를 받아야 합니다.
- **사용 연령 8세 이상** 종이에 베이거나 긁히지 않도록 조심하세요. 책 모서리가 날카로우니 던지거나 떨어뜨리지 마세요.

가장 많은 현장 교사가 믿고 추천하는 우리 아이 첫 역사 입문서!

역사를 공부하려는 학생이 많아지고 있지만 교사의 입장에서 아이들에게 추천할 만한 책은 그리 많지 않은 것이 현실이다. 이 책은 어린이들의 눈높이로 역사를 바라보며 연구하는 선생님들이 집필했기에 믿음이 간다. 처음 역사 여행을 떠나는 아이들의 발걸음을 가볍게 해 줄 책이다.
― 석병배 구리인창초등학교 교사, 역사교육연구소 어린이분과 연구원

중학교에서 역사를 가르치는 나에게 국정 교과서에서 벗어나 다양한 역사 교육을 가능케 했던 《살아있는 한국사 교과서》는 선물과도 같은 책이었다. 이 책을 재구성한 《초등학생을 위한 살아있는 한국사》는 만화로 그려져서 초등학생 아이들도 우리 역사를 쉽게, 그리고 제대로 배울 수 있다.
― 김현숙 서울청운중학교 교사

재미만이 아닌 고증된 사실로 한국사 전체를 꿰뚫어 볼 수 있다. 부록에는 아이들이 흥미로워 할 만한 내용이 수록되어 역사에 관심이 많은 아이나 역사에 부담을 갖고 있는 아이 모두를 만족시킬 것이다.
― 강희 서울은진초등학교 교사

생생하게 살아 있는 한국사를 접할 수 있는 좋은 책이다. 톡톡 튀는 등장인물과 적절한 사진 자료를 사용하여 머릿속에 쏙쏙 들어가도록 구성되어 있다. 이 책에 등장하는 가족처럼 부모님과 아이가 함께 둘러앉아 읽기를 추천한다.
― 이진아 서울진관초등학교 교사

재미있고 말랑해 보이는 만화 안에 탄탄한 내용이 담겨 있다. 암기 위주의 역사 공부에서 벗어나 우리 역사의 여러 사건과 인물에 대해 아이들이 스스로 생각하고 느낄 수 있게 도와주는 책이다. 아이들에게 역사를 어떻게 가르쳐야 할지 고민하는 초등학교 선생님에게도 추천한다.
― 정미란 서울노일초등학교 교사, 역사교육연구소 어린이분과 연구원

재미와 역사 학습이라는 두 마리 토끼를 모두 잡은 책이다. 깊이 있는 내용을 재미있게 서술하여 역사를 어려워하는 아이들도 역사 속으로 푹 빠지게 한다. 특히 '역사 돋보기'로 유물과 유적, 인물 등에 대한 이야기를 더 배울 수 있어 역사 공부에 많은 도움이 된다.
— 김현애 서울영림초등학교 교사

어린이들이 바르고 건전한 역사관을 갖추도록 하면서도, 만화 형식이라 쉽고 친근하다. 역사적 사실과 함께 각 시대별 문화·예술·과학 등에 대해서도 함께 다루어져 생생하고 입체적인 독서 체험이 가능하다. 아이들뿐만 아니라 초등학교 선생님이라면 반드시 읽었으면 한다.
— 손미경 서울연희초등학교 교사

역사적 사실뿐만 아니라 사건의 의미와 흐름을 담아내어 암기 위주의 기존 역사 공부에서 벗어나게끔 하는 책이다. 만화를 통해 이해하기 쉽게 설명되어 한국사의 흐름이 저절로 잡힌다. 더 이상 한국사가 암기 과목이 아님을 깨닫게 해 준다.
— 김민우 남양주별내초등학교 교사, 역사교육연구소 어린이분과 연구원

대부분의 초등학생들에게 역사는 어렵고 힘든 과목일 것이다. 그런 학생들을 보면서 우리의 과거와 현재를 알기 쉽게, 또 재미있게 전하고 싶었다. 《초등학생을 위한 살아있는 한국사》는 이 두 가지 고민에 대한 해답이 담겨 있는 소중한 책이다.
— 우주희 서울대조초등학교 교사

초등학생의 눈높이에서 우리나라 역사를 쉽고 재미있게 이야기하고 있는 책. 역사를 어려워하는 아이도 친근하게 다가갈 수 있고, 역사 탐구 학습의 방법까지 제시하고 있어 어린이를 위한 자기 주도형 한국사 입문서로 좋은 책이다.
— 김아영 서울수리초등학교 교사